LES

DETTES PUBLIQUES

EUROPÉENNES

PAR

ALFRED NEYMARCK

MEMBRE DE LA SOCIÉTÉ D'ÉCONOMIE POLITIQUE DE PARIS

PARIS

LIBRAIRIE GUILLAUMIN ET Cie, ÉDITEURS

de la Collection des principaux Économistes, des Économistes et Publicistes
contemporains, de la Bibliothèque des sciences morales et politiques,
du Dictionnaire de l'Économie politique,
du Dictionnaire universel du Commerce et de la Navigation, etc.

14, RUE RICHELIEU, 14

1887

LES

DETTES PUBLIQUES

EUROPÉENNES

PUBLICATIONS DE M. Alfred NEYMARCK.

I

HISTOIRE ET ÉCONOMIE POLITIQUE.

Colbert et son Temps. 2 vol. gr. in-8, 1877. Prix................	15 00
Turgot et ses Doctrines. 2 vol. gr. in-8, 1885. Prix.............	15 00
Aperçus financiers. 1 vol. gr. in-8, 1868-1872. Prix............	7 50
Aperçus financiers. 1 vol. gr. in-8, 1872-1873. Prix............	7 50

II

FINANCES PUBLIQUES.

La Question monétaire. 1873. Prix...........................	1 00
La Rente française, ses origines, ses développements, ses avantages. In-8, 1873. Prix.......................................	1 50
La conversion de la Rente 5 0/0. In-8, 1876 (2ᵉ édit.). Prix......	1 00
Les contribuables et la conversion de la Rente. Gr. in-8, 1878. (1ʳᵉ édit.). Prix..	1 50
La Rente 3 0/0 amortissable. Son passé, son présent, son avenir (3ᵉ édit.). Prix..	2 50
Les Finances françaises, de 1870 à 1885, in-8. Prix.............	1 00
De la nécessité d'un Conseil supérieur des finances. In-8, 1871..	2 50
Un Conseil supérieur des finances. In-8, 1886. Prix............	1 00
De l'organisation des marchés financiers en France et à l'étranger. In-8, 1881. Prix......................................	2 00
Les milliards de la guerre. In-8º, 1874. Prix....................	2 00

III

LÉGISLATION.

La nouvelle loi sur les Patentes et les affaires de finances. In-8. Paris, 1888. Prix..	1 00
Les Sociétés anonymes par actions. Quelques réformes pratiques. In-8. Paris, 1881. Prix..................................	2 00
Du renouvellement du privilége de la Banque de France. ...	1 50

IV

CHEMINS DE FER. — TRAVAUX PUBLICS.

Les grands Travaux publics. In-8, 1878.....................	1 50
Les Chemins de fer devant le Parlement. 1880, 3ᵉ édit..........	1 50
Les conséquences financières des nouvelles Conventions de chemins de fer. In-8, 1883...................................	1 00
L'Épargne française et la Féodalité financière (Répartition des actions et obligations de chemins de fer et des rentes dans les portefeuilles des capitalistes). In-8, 1885. Prix..............	1 50

Tous ces ouvrages se trouvent en vente à la librairie GUILLAUMIN, *14, rue Richelieu.*

LES

DETTES PUBLIQUES

EUROPÉENNES

PAR

Alfred NEYMARCK

Membre de la Société d'Économie politique de Paris

———— • •• • ————

PARIS

LIBRAIRIE GUILLAUMIN ET Cie, ÉDITEURS

de la Collection des principaux Économistes, des Économistes et Publicistes
contemporains, de la Bibliothèque des sciences morales et politiques,
du Dictionnaire de l'Économie politique,
du Dictionnaire universel du Commerce et de la Navigation, etc.

14, RUE RICHELIEU, 14

—

1887

LES
DETTES PUBLIQUES EUROPÉENNES

Depuis plusieurs années, et particulièrement dans ces derniers temps, les placements en fonds étrangers, en fonds d'Etats internationaux, ont pris une telle importance qu'il n'est pas sans intérêt de connaître exactement à quel chiffre s'élève la dette publique de plusieurs pays qui nous environnent, comment les divers emprunts ont été émis, quelles sont les garanties spéciales qui leur ont été affectées. Ce sont ces renseignements que nous nous sommes efforcés d'obtenir. Nous avons recherché également quel avait été le montant des augmentations ou des diminutions de ces diverses dettes depuis 1870, et signalé les modifications survenues depuis cette époque dans l'état des finances des pays voisins.

On trouvera aussi, dans ce travail, quelques indications sur la répartition des titres de rentes entre les nationaux et les étrangers.

Pour donner à nos chiffres une certitude complète et une précision absolue, nous nous sommes entourés uniquement de documents officiels : ces documents précieux, nous les devons à l'obligeance des Ministres des Finances et des directeurs généraux de statistique des gouvernements étrangers. Qu'ils nous permettent de leur renouveler ici l'expression de toute notre gratitude pour l'obligeance extrême qu'ils apportent sans cesse dans les communications qu'ils nous font l'honneur de nous adresser. Si ce travail présente de l'intérêt et de la nouveauté, c'est à eux que nous en faisons remonter tout le mérite.

Dans cette étude, nous suivrons le même ordre que celui que nous avons adopté dans le travail que nous avons fait paraître dans le *Journal des Economistes* et chez Guillaumin, sur « *l'Organisation des marchés financiers français et étrangers.* » Nous publierons successivement des « monographies, » si nous pouvons nous exprimer ainsi, sur les dettes de la Prusse, de l'Allemagne, de l'Autriche, du royaume de Hongrie, du royaume de Wurtemberg, de Saxe, de l'Etat de Hambourg, de la Baviere, de Bade, des petits États Allemands, du royaume d'Italie, du royaume de Suède, de Norwège, du Danemark, des Pays-Bas, de Belgique, d'Espagne, du Portugal, de la Grande-Bretagne, de la Suisse, de la Serbie, Roumanie, Grèce, de la Turquie,

Bulgarie, Monténégro, Finlande, de l'empire de Russie. Nous terminerons en donnant un aperçu général de la dette publique de la France.

Dans le cours de cette étude, ainsi que dans notre résumé général et conclusion, nous aurons l'occasion de faire remarquer les différents modes d'emprunts, adoptés par les divers États de l'Europe ; émissions publiques, adjudications, ventes à des banquiers, participations, syndicats financiers ; il sera également intéressant d'étudier ce que les gouvernements qui nous entourent ont fait pour effectuer leurs conversions de rentes. Pour le moment, nous laissons les chiffres parler par eux-mêmes.

Nous commençons par le royaume de Prusse.

I

ROYAUME DE PRUSSE.

Au 1er avril 1886, le capital nominal de la dette publique s'élevait à 3.901.920.404 marcs 48 (1), soit en francs à 4 milliards 814 millions environ.

Le service annuel de cette dette réclame :

Comme intérêts........... 158.476.125 marcs 96.
— amortissement.... 20.055.137 — 85.

Soit au total.............. 178.531.262 marcs, ce qui représente en francs environ 220 millions.

Il convient d'ajouter à ces chiffres :

1.393.913 marcs en rentes spéciales diverses.
707.465 marcs pour frais d'administration.

Total........ 2.101.378 marcs, et en francs 2 milliards 594 millions.

Sans compter ces rentes spéciales, on trouve que le capital nominal de la dette publique de la Prusse s'élève, en capital à 4 milliards 814 millions, et en intérêts et frais d'administration, à environ 220 millions.

---

(1) 1 marc = 100 pfennigs = fr. 1.2345.
1 pfennig = fr. 0.0123.

Les titres de rente de ces emprunts ont été émis en 5 0/0, 4 1/2 0/0, 4 0/0 et 3 1/2 0/0, et en valeurs à primes et lots.

Il a été émis des emprunts divers :

en rentes 5 0/0	pour marcs	388.885 75
— 4 1/2 0/0	—	546.188.750 »
— 4 0/0	—	3.220.651.060 03
— 3 1/2 0/0	—	125.273.851 58
En emprunts à primes	—	9.417.857 14
	Total marcs	3.901.920.404 » marcs

Tous ces emprunts ont été effectués en Allemagne; la plus grande partie des titres appartient aux nationaux. D'après la loi du 17 janvier 1820, la dette publique, et, conséquemment, les divers emprunts sont garantis par l'ensemble de la fortune de l'État, en première ligne, par les domaines et les forêts. Quand un emprunt est reconnu nécessaire, le Ministre des Finances est autorisé par une loi et par une ordonnance royale, à émettre, aux époques qu'il juge convenables, les titres des emprunts qu'il a été autorisé à contracter.

Le Grand-Livre de la dette prussienne est de création récente. Au 31 mars dernier, il y avait 2.918 comptes, pour un capital de 155.553.900 marcs contre 641 comptes et 52.192.700 marcs à la même date de 1885.

Les inscriptions de rentes se répartissent ainsi qu'il suit :

Capitaux inférieurs à 4.000 M	29,1 p. c.
— de 4.000 à 10.000 M........	22,3 —
— de 10.000 à 50.000 M........	33,8 —

Le reste se répartit de telle façon que la moyenne des inscriptions supérieures à 50.000 s'établit à 53.000 marcs, alors que la moyenne correspondante obtenue pendant le premier semestre où fonctionnait le service du Grand-Livre — octobre 1884 à mars 1885 — était de 81.000 marcs.

On voit que le nombre de petits capitalistes qui font inscrire leurs rentes au Grand-Livre a considérablement augmenté.

1,904 inscriptions sont au nom de particuliers ou de maisons de commerce;

513 au nom de personnes civiles;

499 au nom de masses n'ayant pas la personnification civile.

Parmi les titulaires, 2.636 résident en Prusse, 255 dans d'autres États allemands et 27 à l'étranger.

En dehors des Consolidés 4 0/0, on admet à l'inscription depuis le 1er juillet, en vertu d'une loi qui vient d'être votée, les titres du type 3 1/2 0/0.

Depuis 1870, l'augmentation de la dette publique a été de 2.574.002.289 marcs 30 pfennigs, soit 3 milliards 217 millions 502.862 francs. Il est difficile de donner un état exact des divers emprunts émis depuis 1870, en raison des amortissements qui ont eu lieu, des remboursements qui ont été effectués par des prélèvements sur l'indemnité de guerre, et en raison aussi des nombreuses conversions et consolidations qui ont été faites.

Il est utile de faire remarquer que, dans le total de la dette de l'État, est comprise celle des chemins de fer. Or, ces chemins de fer qui appartiennent au royaume de Prusse ont occasionné une dépense et représentent un capital de 3.657.911.620 marcs soit 4 milliards 572 millions 393.275 francs, ce qui réduit, en réalité, la dette publique proprement dite de la Prusse au chiffre nominal de 242 millions.

Les chemins de fer de l'État sont très répandus en Prusse. Les lignes en exploitation s'élevaient à la date du 29 mai 1884, à 22.246 kilomètres. Le réseau total est subdivisé en sept directions. Chacune est administrée par un président touchant 10.500 marcs soit 13.125 francs, et douze administrateurs qui reçoivent annuellement 4.200 à 6.000 marcs (5.250 francs à 7.500 fr.), L'excédent des recettes sur les dépenses est considérable, environ 100 millions de marcs, soit 125 millions de francs, alors que le service de la dette publique, comme on l'a vu plus haut. réclame seulement 220 millions de francs : c'est près de 6 fois moins qu'en France. Ces quelques chiffres, sans entrer dans de plus longs développements, prouvent combien est forte la situation financière de la Prusse. L'ensemble des impôts généraux et locaux est trois fois moins élevé en Prusse qu'en France (1).

---

(1) Depuis que ces lignes sont écrites, le gouvernement prussien vient d'offrir la conversion en obligations 3 1/2 0/0 Consolidées de l'Etat, aux porteurs des obligations ci-après de chemins de fer rachetés par l'Etat :

	Circulation au 31 mars 1886.
Obligations 4 p. c. Altona-Kiel, 1re émission..................M.	7.290.000
— 4 p. c. — 2e —	9.300.000
— 4 p. c. Magdebourg-Halberstadt, du 15 avril 1861....	6.324.000
— 4 p. c. Berlin Potsdam-Magdebourg lit. E.........	28.380.000
— 4 p. c. — — lit. F.........	5.919.000
— 4 1/2 p. c. — — lit. D.........	8.795.000
— 4 p. c. Breslau-Schweidnitz-Freiburg, lit. G.........	8.486.000
— 4 p. c. — — lit. J.........	5.218.000
— 4 p. c. Berlin-Goelitz, lit. C....................	6.743.000
Total......M.	86.455.000

Les porteurs conserveront la jouissance en 4 0/0 jusqu'au 1er octobre 1887. L'acceptation de la conversion doit être notifiée avant le 30 octobre 1886.

On se trompe beaucoup, chez nous, sur le caractère des difficultés financières de nos voisins d'au delà des Vosges. Ces
difficultés proviennent surtout d'une mauvaise assiette des
impôts. Quand la Prusse voudra augmenter légèrement les
droits sur les principales boissons de l'Allemagne, l'alcool et la
bière, qui paient aujourd'hui des impôts minimes, elle accroîtra
ses ressources dans des proportions énormes. Il est utile que
ces faits soient connus dans notre pays où des aperçus erronés,
après avoir longtemps entretenu l'illusion sur les forces militaires de la Prusse, entretiennent encore aujourd'hui cette
même illusion sur son état financier.

II

EMPIRE D'ALLEMAGNE.

La dette allemande portant intérêt, de l'empire d'Allemagne,
s'élevait le 31 décembre 1885 à 426 941.000 marcs soit 526 millions 958,664 fr. 50.

Le paiement des intérêts exige, pour l'année 1885-1886 (du
1er avril 85 à fin mars 86), 16.400.000 marcs ou 20.145.800 francs.
On n'a rien amorti jusqu'à ce jour.

Les emprunts ont été émis en 4 0/0.

La dette de l'ancienne confédération du Nord, conformément
à la loi du 21 juillet 1870, pour se procurer les moyens de faire
la guerre à la France, s'est constituée par un emprunt à 5 0/0
fin 1870 du montant de 267.069.900 marcs, et fin 1871, par un
emprunt du montant de 341.319.900 marcs. Cette dette devait
être remboursée le 1er janvier 1873; cependant il restait encore,
au 31 décembre 1885, une somme de 23 millions 400.000 marcs
à amortir. Cette somme n'est pas comprise, dans la dette· de
426.941.900 marcs indiquée plus haut.

Le premier emprunt de l'empire d'Allemagne fut émis en
1877. Depuis ce temps, le montant des émissions s'est accru
dans les proportions suivantes :

Au 31 mars 1878 il s'élevait à 72 millions de marcs.

— 31	—	1879	—	139	—	—
— 31	—	1880	—	218	—	—
— 31	—	1881	—	268	—	—
— 31	—	1882	—	319	—	—
— 31	—	1883	—	349	—	—
— 31	—	1884	—	373	—	—

Il n'existe pas de gages spéciaux pour les emprunts de l'empire.

En 1870, l'emprunt de la Confédération a été émis, en grande partie, par souscription publique, et, en moindre partie, le solde a été vendu par des maisons de banque.

L'émission des emprunts d'État se fait presque exclusivement par ventes à des banquiers, et par souscriptions publiques opérées par l'intermédiaire de la banque impériale et de la Société maritime royale de Prusse.

Les renseignements qui précèdent se rapportent aux dettes de l'empire allemand, c'est-à-dire de la réunion des États confédérés, mais pas à celles de ces États en particulier.

Pour terminer ce chapitre sur les dettes publiques de la Prusse et de l'Allemagne, nous indiquerons, dans le tableau suivant, les cours approximatifs auxquels se négociaient, au 15 juillet 1886, et au 15 décembre quelques fonds d'État prussien et allemands.

	15 juillet.	15 décembre.
Emprunt allemand 4 0/0...........	105 90	105 75
— Prussien 3 1/2 0/0.......	103 40	101 20
— à primes 3 1/2 0/0.......	142 »	145 »
3 1/2 0/0 Brunswick...............	101 80	100 »
3 1/2 0/0 Francfort.................	101 10	100 »
3 0/0 —	97 50	98 50
4 0/0 Hessois................,....	103 50	102 90
4 0/0 Darmstadt	105 50	105 »
4 0/0 Nassau......................	103 50	102 50
3 0/0 Saxon	99 25	97 25
3 1/2 0/0 Badois...................	99 60	100 »
4 0/0 — 1875..............	101 50	103 50
4 0/0 Bavarois....................	105 »	104 80
3 1/2 0/0 —	101 50	101 20

Ainsi l'Allemagne entière voit ses rentes 3 1/2 0/0 cotées au-dessus de 100 et ses rentes 3 0/0 atteindre bientôt ce cours de 100 ; c'est-à-dire que le crédit de ces divers pays est tel qu'ils pourraient emprunter à environ 3 0/0.

Il n'est pas nécessaire de faire remarquer quelle augmentation de force et d'autorité donnent à l'Allemagne entière la puissance de son crédit, les hauts cours de ses fonds publics et de ceux des États confédérés.

Nous ne terminerons pas ce chapitre sans dire quelques mots du budget de l'Empire allemand. Ce budget s'élève, pour l'exercice 1886-1887, en recettes et en dépenses, à M. 750.946.865 ; soit 938 millions 683,358 fr. 25, à savoir :

Dépenses permanentes.......M.	631.345.194
— passagères............	119.601.691
Recettes.....................	750.946.885

Ce dernier chiffre comprend le produit d'un emprunt de M. 72,100,000 à 3 1/2 p. 0/0, que le Chancelier propose de contracter, et représente, par conséquent, le déficit qu'accuse le budget. Dans ces chiffres ne sont pas compris les budgets particuliers des 26 États qui composent l'Empire, ni les budgets particuliers des communes urbaines et rurales. Le budget de 1886-1887, par comparaison à l'exercice précédent, accuse une augmentation de dépenses de près de 120 millions, soit environ 15 0/0. La marine, notamment, comporte une augmentation de 8 1/2 millions.

Le système de comptabilité budgétaire des Allemands est moins compliqué que le nôtre. Nous écrivons, nous, d'un côté, la totalité des dépenses, et, de l'autre côté, la totalité des recettes, pour certains services publics. Ainsi, pour les *Tabacs*, les *Postes et Télégraphes*, les *Chemins de fer de l'État*, nous inscrivons, d'une part, ce que coûtent ces divers services, et, d'autre part, les produits qu'ils donnent. La comptabilité allemande est plus expéditive et pratique. Pour les services dont nous parlons, les Allemands n'écrivent que la *différence nette* entre les recettes et les dépenses. Ainsi, le budget de l'Empire allemand ne porte aucune somme en dépenses pour les postes et télégraphes, mais seulement une somme en recettes. Cette recette nette s'est élevée en 1884-1885 à 25.712.193 marcs. Les dépenses avaient été de 134.230.807 marcs et les recettes brutes de 159.943.000 marcs.

Si nous appliquions chez nous le même système, plusieurs centaines de millions disparaîtraient de notre budget qui ne comprendrait plus que le résultat net et réel des opérations. Pour les postes et télégraphes et pour les tabacs seulement, nous aurions ainsi plus de 200 millions à retrancher de notre budget.

Faisons remarquer aussi qu'en même temps que le budget de l'Empire d'Allemagne supporte, pour 1886-1887, une augmentation de dépenses de 120 millions, les recettes subissent une moins-value fort importante, conséquence de la crise qui pèse sur toute l'Europe. L'exercice 1885-1886 présente, sur les sucres, une moins-value de 40 0/0, et de 30 0/0 environ sur les tabacs. Nous nous plaignons de la diminution de nos recettes budgétaires. Elles sont, on en conviendra, de faible importance quand on les compare à celles qui se produisent en Allemagne sur les sucres et sur les tabacs. Pendant l'année 1885, les recettes totales sur les tabacs ont été, chez nous, de 374 millions 418.000 fr. Or, pendant le premier semestre de 1886, les recettes se sont élevées à 181 millions 201.000 fr., ce qui donnerait, pour l'année entière, 362 1/2 millions environ, soit 12 millions de moins. Que représentent ces 12 millions sur l'ensemble d'une recette s'élevant à 374 millions? A peine 3 0/0. Or, en Allemagne, la moins-value constatée a été de 30 0/0. Sans doute, « le mal de l'un ne guérit pas celui de l'autre », comme dit un vieux dicton; mais il n'est pas bon, non plus, d'exagérer les maux dont on souffre, de voir tout en noir et de se plaindre sans cesse.

Les chiffres que nous venons de donner sur la Prusse et sur l'Allemagne sont extraits, en grande partie, des documents et des notes que nous a communiqués avec tant d'obligeance M. le Dr Becker, directeur du bureau de statistique de l'Empire d'Allemagne, et M. Em. Blenck, conseiller intime et directeur du bureau de statistique du royaume de Prusse. Nous leur en exprimons ici toute notre gratitude.

III

EMPIRE D'AUTRICHE.

Nous avons obtenu, sur la dette de l'Empire d'Autriche, les renseignements les plus complets de notre éminent collègue de la *Société de Statistique*, M. Neumann-Spallart, conseiller aulique, et de M. Th. de Inama-Sternegg, le savant Président de la Commission centrale de Statistique. Nous leur devons la plus grande partie des renseignements que nous allons publier sur les finances autrichiennes et nous leur sommes profondément reconnaissants de leur extrême courtoisie et grande obligeance pour faciliter nos travaux et nos recherches.

Au 31 décembre 1884, la dette publique Autrichienne se décomposait ainsi qu'il suit :

	Nominale	Capitalisée à 5 0/0 en valeur autrichienne papier.
Dette commune et dette Autrichienne...	3.361.171.851 flor.	3.290.376.350 flor.
Dette commune en papier-monnaie......	354.248.072 —	354.248.072 —
Totaux.......	3.715.419.923 flor.	3.644.624.422 flor.

Ces 3.715.419.923 florins représentent en francs, à raison de 2 fr. 50 le florin, un capital nominal de 9 milliards 288 millions 549.807 fr. 50.

Les 3.290.376.350 florins, valeur autrichienne, se décomposent en :

1.959.118.870 florins papier.

1.058.577.320 — argent.

272.680.160 — or.

Le service d'intérêts que réclame annuellement la dette publique s'élève :

En papier à....	77.910.719 florins.	
— argent à....	45.171.663	—
— or à....	13.634.008	—
Total......	136.716.390 florins.	

Auxquels il convient d'ajouter, pour amortissements divers, et perte résultant de la dépréciation de l'argent et du papier-monnaie, environ............. 16.445.000 — (1)

Total.......	153.161.390 florins.

soit en francs 382,903,475 fr.

La dette générale de l'Empire d'Autriche, la dette spéciale des pays représentés au Reichsrath (Autriche-Cisleithane), ainsi que la dette flottante commune en papier-monnaie, se compo-

---

(1) 1 florin = 100 neu-kreutzers = fr. 2.469.

1 neu-kreutzer = fr. 0 024.

sent d'une grande variété de titres d'obligations à 3 0/0, 5 0/0, lots, etc. ; mais la principale partie est constituée sous forme de *rentes* papier et argent 5 0/0, de rentes or 4 0/0, et même sous forme de prêt à titre gratuit comme la dette de l'Etat envers la Banque Impériale Austro-Hongroise qui s'élève à 79.449.000 florins V. A.

Voici, au surplus, en détail, la forme sous laquelle les titres de rente ont été émis :

	Valeur nominale.	Capitalisée à 5 0/0 en valeur autrichienne argent.
En 6 0/0..	714 flor.	857 flor.
— 5 1/2 0/0..	44.585.075 —	44.585.075 —
— 5 0/0..	2.760.651.707 —	2.760.443.462 —
— 4 1/2 0/0..	54.819 —	49.337 —
— 4 0/0..	380.257.761 —	311.963.811 —
3 1/2 0/0..	57.854.815 —	57.806.660 —
— 3 0/0..	2.191.366 —	968.898 —
Au-dessous de 3 0/0......	109.440 —	31.005 —
—	115 466.154 —	114.524.245 —
Totaux....	3.361.171.851 flor.	3.290.376.350 flor.
Dette commune en papier monnaie sans intérêt.	354.248.072 —	354.248.072 —
Ensemble......	3.715.419.923 flor.	3.644.624.422 flor.

Depuis 1870, la dette publique s'est accrue de 708.109.578 florins, valeur nominale, — soit, en francs, 1 milliard 770 millions 273.945 fr., — ou 639.354.879 florins, capitalisée à 5 0/0, valeur autrichienne papier.

Au 31 décembre 1884, la dette commune et dette autrichienne consolidée et flottante avait augmenté de 705 millions 975.025 florins ; la dette commune flottante en papier-monnaie avait augmenté de 2.134.553 florins.

Voici, depuis 1870 jusqu'au 31 décembre 1883, les diverses fluctuations subies par la dette générale d'Autriche, par la dette spéciale des pays représentés au Reichsrath, par la dette flottante commune, consistant en papier-monnaie.

Années.	Dette générale (en milliers de florins).	Dette spéciale (en milliers de florins).	Papier-monnaie de l'Etat (en milliers de florins).
1870.......	2.506.940	146.215	352.113
1871.......	2.504.339	124.403	373.600
1872.......	2.504.280	140.596	375.992
1873.......	2.502.910	172.655	344.033
1874.......	2.561.096	174.612	345.282
1875.......	2.591.541	198.150	346.501
1876.......	2.616.943	220.983	355.444
1877.......	2.616.029	303.924	345.961
1878.......	2.643.110	358.480	364.002
1879.......	2.763.471	392.373	313.031
1880.......	2.755.828	408.616	327.738
1881.......	2.769.945	442.285	320.435
1882.......	2.744.827	482.846	351.494
1883.......	2.750.927	»	»

Les emprunts divers émis par l'Autriche ont pour garanties les ressources générales du budget. Cependant, deux emprunts possèdent des gages spéciaux :

1° *L'emprunt argent* 5 1/2 0/0 *de 60 millions de florins*, contracté avec le Crédit Foncier d'Autriche et dont il restait encore, à la fin de l'année 1884, pour 44.585.075 florins non amortis, a pour garanties des propriétés immobilières de l'Etat.

2° *Les billets hypothécaires spéciaux, émis en* 1884, pour 57.694.300 florins à 3 1/2 0/0 d'intérêt, et pour 56.042 florins sans intérêt, sont garantis par hypothèque sur les salines de l'Etat.

Toutes les émissions de rentes et emprunts effectuées par le gouvernement Autrichien ont été généralement faites par ventes directes à des institutions de crédit et banquiers, soit à un prix ferme, soit à commission.

Les emprunts Autrichiens cotés à la Bourse de Paris sont les suivants :

(1) Amortissement......................	11.763.000 florins V. A.
Perte sur le change du papier-monnaie................................	635.000 —
Intérêts et amortissements de diverses dettes......................	{1.480.000 — {2.567.000 —
Total	16.445.000 florins V. A.

1º *Dette convertie* 5 0/0 1868 provenant de la conversion et de l'unification de tous les emprunts antérieurs, à des conditions diverses pour chaque emprunt. Cours, 69 à 70 0/0 environ. Plus bas cours de la rente-papier : 43 0/0 en 1877 ; plus bas cours de la rente-argent : 48 0/0 en 1877.

Les titres de cette dette ont été divisés en deux catégories comprenant : l'une, les obligations dont les intérêts étaient payables en argent, et l'autre, celles dont les intérêts étaient payables en papier. Les intérêts (argent et papier) sont payables à Vienne et subissent la retenue de l'impôt de 16 0/0 établi par la loi autrichienne.

Ils se paient à Paris, au change du jour, chez MM. de Rothschild.

2º *La rente* 4 0/0 *or* créée en vertu de la loi du 18 mars 1876. Intérêts payables à Paris chez MM. de Rothschild et à la Banque de Paris. Cours au 31 décembre 1886 : 91 fr. 75 ; plus bas cours coté depuis l'émission : 52,50 en 1877 ; plus haut cours : 98 fr. 50 en 1886.

3º *Rente* 5 0/0 *papier* 1881. Prix d'émission 92 0/0 ; plus bas cours coté, 83,90 en 1882 ; cours, 90 0/0 ; intérêt 5 0/0, exempt d'impôt : coupons payables à Paris, chez MM. de Rothschild et à la Banque de Paris.

4º *Emprunt* 5 0/0, *lots d'Autriche* : 400.000 obligations de 500 florins, rapportant 25 florins, remboursables à 600 florins, donnant droit à 500.000 florins de lots par tirage, soit 1 million de florins par an. Cours actuel : 1.400 fr. ; plus bas cours coté : 675 fr. en 1866 ; plus haut cours : 1.480 fr. en 1886.

Emprunt remboursable de 1860 à 1917.

5º *Obligations domaniales* 1866. Prix d'émission 230 fr. Revenu 15 fr. ; remboursement à 300 fr. de 1867 à 1912. Gages spéciaux : biens immeubles de l'Etat. Payement de coupons et remboursement des obligations sorties à la Banque de Paris et des Pays-Bas. Cours au 31 décembre 1886 : 319 fr. 50.

IV

ROYAUME DE HONGRIE.

Le capital nominal de la dette publique de la Hongrie s'élevait, au 31 décembre 1884, à 1.271.585.428 florins, soit, en francs, à raison de 2 fr. 50 le florin, 3 milliards 178 millions 963.570 fr.

Ce chiffre de 1.271.585.428 florins comprend une dette de 266 985.409 florins dont l'État n'a été que l'intermédiaire. En effet, dans cette dernière somme sont compris 202.063.223 florins comme dette foncière urbaine. Les intérêts et l'amortissement ne pèsent pas sur le budget ordinaire de l'État, mais sont couverts par quelques impôts directs supplémentaires, notamment par l'impôt du sol et des maisons.

La somme d'intérêts et amortissement que réclame annuellement le service de la dette publique s'élève, au total, à 82.747.158 florins, soit en francs 206 millions 867.895 francs.

Voici comment cette dette annuelle se décompose :

Dette commune :

Intérêts et amortissement. . . . . 12.150.692 florins;
Dette Hongroise :
Intérêts. . . . . 58.723.933   »
Amortissement. . . . . 11.872.533   »

Dans ces chiffres sont compris pour la dette indirecte de l'État, c'est-à-dire pour celle dont il n'a été que l'intermédiaire : comme intérêts 11.292.853 florins ; comme amortissement 8.196.776 florins ; comme intérêts et amortissement de la dette commune (contingent de la Hongrie) 2.394.859 florins.

En outre, conformément à l'article de la loi XV de l'exercice 1867, l'État participe pour une certaine somme aux dettes communes de la Monarchie.

En vertu de l'arrangement intervenu avec l'Autriche en 1867, la Hongrie, bien qu'elle n'ait pas reconnu les dettes faites en Autriche par le gouvernement absolu, s'est engagée, par raison politique, à payer, pour couvrir les dettes publiques faites jusqu'à cette époque, une somme annuelle et invariable de 29.188.000 florins, et pour celles des dettes qui ne peuvent pas être converties en rentes, 1.150.000 florins, ce qui fait, au total, 30.338.000 florins.

Les titres de rente Hongrois ont été émis en florins papier et en florins-or.

En 1870, le total de la dette publique était de 371.809.820 florins : l'augmentation depuis cette époque a été de 899.775.608 florins, soit en francs 2 milliards 249 millions 439.020 francs.

A l'exception des dettes à l'égard desquelles l'État n'a été que l'intermédiaire et dont les intérêts et l'amortissement sont couverts par des revenus spéciaux que nous avons indiqués plus haut, les intérêts et l'amortissement des autres emprunts sont garantis par l'ensemble des revenus généraux de l'État.

La Hongrie a emprunté successivement sous forme de rentes 6 0/0, 5 0/0, 4 0/0. Tous les emprunts ont été effectués par l'entremise de grandes banques, et par souscriptions publiques. Une partie de ces emprunts a été affectée à la conversion des titres de chemins de fer privés qui sont devenus chemins de fer de l'État.

Depuis 1881 jusqu'en 1886, il a été créé environ 240 millions de florins papier. Les deux tiers du produit de ces émissions ont été employés à couvrir les déficits annuels et l'amortissement.

Voici les cours des négociations des diverses émissions :

1881	13.000.000 florins	à 75.58
—	1.000.000 —	à 78 »
—	13.005.500 —	à 79.80
—	12.972.000 —	à 80 »
—	12.000.000 —	à 84 »
1882......	28.000.000 —	à 83 »
—	12.524 000 —	à 85 »
—	13.000 000 —	à 85 »
1883......	41.760.000 —	à 86 »
1884......	32.216.000 —	à 87.35
1885.....	11.763.000 —	à 87.35
—	32.743.000 —	à 92.50
1886......	14.860.000 —	à 94.50

La rente Hongroise est très répandue en France. L'émission des rentes 6 0/0, converties plus tard en 4 0/0, a été faite par MM. de Rothschild frères. Ce sont ces banquiers qui paient, en France, les intérêts de la dette hongroise.

D'après une communication que nous devons à l'obligeance de M. le Dr Keleti, le savant directeur du bureau de statistique royal Hongrois à Buda-Pesth, le Ministre des Finances de Hongrie a transmis, à Paris, pour le paiement des coupons de la rente hongroise au 1er juillet 1885 et au 1er janvier 1886, 13.348.000 francs, soit environ 26 millions et demi par an. En capitalisant la rente Hongroise d'après son cours d'émission, environ 5 0/0, on peut évaluer approximativement que le montant de la rente Hongroise circulant en France varie de 500 à 550 millions de francs.

Les emprunts Hongrois cotés à la Bourse de Paris sont les suivants :

1º *Emprunt* 1881 4 0/0 *or*, de 545 millions de florins ou 1.362.500.000 francs de capital nominal, autorisé par la loi XXXII de 1881, destiné à la conversion et au remboursement de l'emprunt Hongrois 6 0/0 or 1875-76-77-78-79 de 400 millions de florins de capital.

Sur le montant total de l'emprunt, MM. de Rothschild frères ont émis :

160 millions de florins de capital, le 19 mai 1881, à 76,25 0/0 ;
124.739.600 florins de capital, le 24 septembre 1884, à 77,85 0/0.

L'admission à la cote, au comptant et à terme, a été faite pour :

160 millions de florins de capital, le 15 juin 1881 ;
385   —   —   — le 28 décembre 1881.

Aux termes de la loi XXXII de 1881, les titres de l'emprunt Hongrois 4 0/0 or et leurs coupures sont exempts de tous droits de timbre et de tous impôts présents ou futurs en Hongrie.

Les coupons d'intérêt se paient en janvier et juillet à Buda-Pesth et à Vienne, en florins or ; à Londres, à Berlin, à Francfort-sur-le-Mein ; et à Paris, chez MM. de Rothschild, au change fixe à 2 fr. 50 le florin.

2º *Emprunt* 5 0/0 1868, de 60 millions de florins ou 150 millions de francs, autorisé par la loi du 18 octobre 1867, pour la construction de chemins de fer et de canaux dans les pays dépendant de la couronne de Hongrie.

Cet emprunt se compose de 909.380 obligations de 300 francs entièrement libérées, émises à 215 francs les 28, 29, 30 janvier 1868, par la Société Générale à Paris.

Ces obligations sont remboursables à 300 fr. en 50 ans, du 1er juillet 1868 au 1er janvier 1918, par tirages semestriels. Elles rapportent 15 fr. payables *net* en janvier et juillet.

L'emprunt est garanti spécialement par les chemins de fer et canaux à construire avec son produit, au moyen d'une inscription de 1re hypothèque au profit des obligataires.

Le cours de ces obligations au 31 décembre 1886 est de 312 fr. soit 12 fr. au-dessus de leur prix de remboursement. Le paiement des intérêts et le remboursement des obligations sont effectués à Londres, Francfort-sur-le-Mein, Amsterdam, Vienne, Buda-Pest, et à Paris, à la Société Générale.

V

ROYAUME DE WURTEMBERG.

Au 31 décembre 1885, le capital nominal de la dette publique s'élevait à 421.081.282 marcs 56 pfennigs, soit environ 525 millions de francs.

Le service d'intérêt de la dette réclame annuellement 17,245,483 marcs 01 pfennigs, soit 21 millions 556,835 fr. 75.

Les titres de rente ont été émis en valeurs au porteur, munis de coupons pour 30 semestres, et remboursables au pair dans un délai fixé, soit au moyen d'annuités, soit par les ressources du budget, ou toute autre mesure financière.

Cette dette, portant intérêt, se décompose ainsi qu'il suit :

En rentes 5 0/0	...	452.742 marcs	90 pf.
— 4 1/2 0/0	...	80.938.257 —	26
— 4 0/0	...	323.829.788 —	80
— 3 1/2 0/0	...	16.460.493 —	60

La plus grande partie de la dette publique du Wurtemberg est placée dans le pays même; une très petite partie se trouve dans le reste de l'Allemagne ; il n'y a à l'étranger qu'une somme à peine appréciable.

Il n'est jamais venu à la connaissance des autorités compétentes, nous écrit l'honorable Directeur de la Statistique du royaume de Wurtemberg, qu'il y eût des titres de la dette Wurtembergeoise entre les mains de Français.

De 1869-1870 à 1884-1885, la dette publique a augmenté de	472.800.067 marcs 72 pf.
et diminué de	317.639.779 — 86
Soit une augmentation définitive de..	155.160.287 — 86

Soit en francs 194 millions environ.

Dans ces deux sommes sont compris :

3.000.000 florins de papier-monnaie wurtembergeois sans intérêt en florins sud-allemands ;

27.000.000 marcs en bons du Trésor émis sous escompte à 3 mois.

′ Aucune garantie spéciale n'a été affectée aux emprunts ; ils sont tous gagés par les ressources générales du budget.

Les variations subies par la dette publique, tant en augmentation qu'en diminution, proviennent en grande partie de la conversion de la dette 5 0/0 pour 34.695.815 marcs 48 pf. et de la dette 4 1/2 0/0 pour 167.228.190 marcs 93 pfennigs en une dette à 4 0/0.

Les emprunts divers émis depuis 1870 ont été les suivants :

438.309.639 marcs 15 pfennigs en titres de dette au porteur, émis par adjudication à des groupes de banquiers.

2.347.571   —   42   —   prêts non remboursables faits, par les divers fonds de pensions, à l'Etat, qui leur sert un intérêt de 4 0/0 ;

5.142 581   —   15   —   papier-monnaie de l'Etat;

27.000.000 marcs en bons du Trésor escomptés.

VI

ROYAUME DE SAXE

Au 31 décembre 1885, l'ensemble de la dette publique s'élevait à 648.316.600 marcs, soit, à raison de 1 fr. 2.345 le marc, 800.346.842 fr. 70.

Le service de la dette publique, pour cette même année, a coûté   30.960.397 marcs soit 38.218.810 fr. 09.

Les intérêts de la dette réclament :   26.621.638   —
L'amortissement est compris pour :   8.200.679   —
Les frais généraux d'administration coûtent :   138.080   —

Les titres représentant la dette publique ont été émis en 4 0/0, 3 1/2 0/0, 3 0/0.

Les emprunts contractés à 4 0/0 d'intérêt nominal sont les suivants

L'emprunt d'État de 1847; la dette-actions du chemin de fer Saxe-Silésie; les emprunts réunis de 1852, 1858, 1859, 1862, 1866 et 1868 ; les emprunts d'État de 1867 et 1869 ; les bons de caisse d'État de 1870 émis en remplacement des anciennes actions des chemins de fer Albert; les anciennes actions (B) du chemin de fer de Lœbau-Zittau, reconnues comme dette de l'État; l'emprunt de 1870 contracté avec la caisse des Invalides de l'Empire; la dette-obligations de l'ancienne compagnie du chemin de fer de Leipzig-Dresde, de 1860, 1866, 1872.

Les emprunts contractés à 3 1/2 0/0 sont les suivants :

Les anciennes actions (A) du chemin de fer de Lœbau-Zittau, reconnues comme dette de l'État; les emprunts obligations de l'ancienne compagnie Leipzig-Dresde, de 1839-1841.

Les emprunts émis en 3 0/0 sont :

La dette d'impôt de 1830; la dette d'État de 1855; l'emprunt en rentes de 1876 et 1878.

M. le D' Bœmert, l'éminent directeur du bureau de statistique du Ministère de l'Intérieur du Royaume de Saxe, nous fait l'honneur de nous écrire qu'il n'est pas possible de déterminer en quelles mains se trouvent les valeurs d'État saxonnes, soit qu'elles appartiennent aux nationaux, à des étrangers, à des Français.

La dette de la Saxe s'élevait à 333.545.305 marcs en 1870; fin 1885, elle avait atteint 648.316.600 marcs, soit une augmentation de 314.771.299 marcs, ou 388 millions 585.168 fr. 61.

Tous les emprunts ont pour garantie l'ensemble des revenus et de la fortune de l'État. Voici le détail de ceux qui ont été contractés depuis 1870 :

En 1871 : Dette-actions du chemin de fer de Lœbau-Zittau.
7.500.000 marcs.
Dette-obligations Leipzig-Dresde. 38.951.850 —

Ces deux emprunts ont été faits en transformant les dites actions et obligations en titres de dette d'État :

En 1874 : Emprunt contracté à la Caisse des Invalides de l'Empire. . . . . 24.000.000 marcs.
En 1875 : Emprunt en rentes. . . . . . 245.000.000 —
En 1878 : — . . . . . . 114.880.000 —

Il n'est pas sans intérêt, pour compléter les renseignements qui précèdent, de donner quelques indications sur l'évaluation des revenus du royaume, évaluations faites par le bureau royal de statistique.

Voici à trois époques différentes, 1878, 1882, 1884, quelle était la répartition des revenus classés d'après la provenance :

Catégories de revenus.	1878 Millions de marcs.	1882 Millions de marcs.	1884 Millions de marcs.
Propriété foncière	214	229	233
Rentes	109	129	142
Traitements et salaires........	334	422	465
Commerce et industrie........	357	371	395
Total du revenu brut ..	1.014	1.151	1.235
Dettes à déduire...........	87	93	95
Total du revenu net.	927	1.058	1.140
Nombre des contribuables.,	1.010.959	1.162.694	1.213.188
Montant du revenu moyen par tête................	917 marcs	910 marcs	940 marcs

En comparant les revenus individuels d'après leur importance, en 1878 et en 1884, on trouve les proportions suivantes :

Revenus jusqu'à 800 marcs : 76,39 0/0 du nombre total (non compris les personnes morales) en 1878, et 74,96 0/0 en 1884;

Revenus de   801 à 3,600 marcs : 20,94 0/0 et 22,16 0/0 ;
—   3,600 à 9,600   —   2,22 0/0 et 2,32 0/0 ;
—   plus de 9,600   —   0,45 0/0 et 0,56 0/0 ;

VII

ETAT ET VILLE LIBRE DE HAMBOURG

Nous avons reçu de M. le Dr Koch, directeur du bureau de statistique de la commission des impôts de la ville de Hambourg, les renseignements qui suivent sur la dette de ce pays.

Le capital nominal de la dette publique s'élevait, au 31 décembre 1883, à 144.247.782 marcs, soit 178 millions 072.886 fr. 87.

Il faut, en outre, tenir compte d'un emprunt temporaire 4 0/0 de 5.500.000 marcs, et de l'emprunt d'État de la Caisse contre les incendies, contracté en 1842, pour lesquels il existe une garantie spéciale et dont la comptabilité est tenue à part.

Une partie importante des emprunts d'État Hambourgeois a été consacrée à des travaux de construction (création ou agrandissements de ports, d'usine à gaz, de marché aux bestiaux, d'entrepôts, etc.

Le service de la dette publique réclame annuellement comme intérêts :

	5.221.146 marcs soit fr.	6.445.504 »
Amortissement..	1.831.405 —	2.260.869 »
Totaux.....	7.052.551 —	8.706.373 ›

Les titres de rente ont été émis en 4 1/2, 4 0/0 et 3 1/2 0/0.

Depuis 1870, l'augmentation de la dette publique a été d'environ 20 millions de marcs, soit 24 millions 690.000 fr.

Il y a quelques mois, l'État et ville libre de Hambourg a ouvert, le 7 août, une soumission pour un emprunt de 40 millions de marcs (50 millions de francs) destiné au remboursement d'un emprunt de 4 0/0 1875 de 18 1/2 millions de marcs et à des dépenses publiques (21 1/2 millions de marcs). Quatre groupes financiers principaux, tous allemands, ont concouru en cette occasion ; l'offre la plus élevée a été faite par le groupe de la Banque de l'Allemagne du Nord, établissement financier de Hambourg, auquel s'étaient adjointes les maisons Rothschild, de Francfort et Bleichrœder, de Berlin. L'emprunt a été adjugé, sous forme de rentes 3 0/0, à un groupe allemand représenté par la Banque de Commerce et d'Escompte de Hambourg.

Les porteurs de titres de l'emprunt Hambourgeois 4 0/0 de 1875 seront admis à échanger leurs titres contre les nouveaux titres 3 0/0 à des conditions qui seront publiées en temps et lieu. Le terme fixé pour cette conversion est le 1er mars 1887.

VIII

BAVIÈRE

Au 1er avril 1886 la dette publique s'élevait à 1.344.658.766 marcs soit en francs à 1.790.823 fr. 45, et exigeait un service d'intérêt annuel de 48.919.418 marcs, soit en francs 61.168.010.

La dette publique se décomposait ainsi qu'il suit :

Dette générale..............	230.894.476 marcs.
Dette des chemins de fer ...	953.460.400 —
Rachat de rentes foncières .	160.303.890 —
Total.........	1.344.658.766 marcs.

Les emprunts des chemins de fer sont garantis en première ligne par hypothèque sur les chemins de fer appartenant à l'État, mais leur service est porté au compte du budget général.

IX

BADE

Au 31 décembre 1885, la dette se composait ainsi qu'il suit :

Dette générale à diverses caisses de l'Etat ..	37.143.102 marcs.
— aux particuliers............	5.646.917 —
Total...............	42.790.019 marcs.

dont 25.134.800 marcs sans intérêt.

La dette des chemins de fer, actif déduit, est de 331.724.485 marcs. Le total de la dette est de 374.514.504 marcs, soit en francs 469.843.130.

X

ÉTATS ALLEMANDS DIVERS.

Voici également, à la date du 1er janvier 1886, le total auquel s'élevait la dette de 18 États allemands. Cette dette était de 268.219.538 francs. Elle se décompose ainsi qu'il suit :

	Francs.
Alsace-Lorraine	23.610.499
Brême (45,362,500 marcs)............	56.703.125
Brunswick (29.855,031 m.)..........	37.318.788
Grand duché de Hesse (28,418,030 m.).	35.522.537
Lippe (972,907 m.).................	1.216.133
Lübeck (15,473,920 m.)..............	19.342.400
Meklembourg (17,385,400 m.)........	21.731.750
Oldenbourg (37,660,623 m,)...... ...	47.075.778
Reuss (1,937,191 m.)...............	2.421.488
Saxe Altenbourg (5,709,710 m.)......	7.131.187
Saxe-Cobourg (1,365,988 m.)	1.707.485
A reporter...	235.781.170

Report....	253.781.170
Saxe-Meningen (2,091,940 m.).......	2.614.925
Saxe-Weimar --	»
Schaumbourg Lippe (600,000 m.)....	750.000
Schwazbourg-Reidolstadt(2,582,808m)	3.228.500
— Sonderhausen (3,924,855)	4.906.068
Waldeck (2,351,100 m.)	2.938.875
Total..................	268.219.538

XI

ITALIE

A la Bourse du 31 mai 1886, la rente italienne a atteint et dépassé le prix de 100 fr. Dans le cours de cette même année, le plus haut prix atteint a été 102 fr. 50 ; au 31 décembre 1886, le dernier cours a été 101 fr. 95. L'année 1886 comptera dans les annales financières de l'Italie. Elle marque les progrès accomplis par le crédit de ce jeune royaume que la France a contribué à fonder, qu'elle a toujours soutenu de son influence politique, du sang de ses enfants, de ses capitaux.

L'Italie, depuis quinze ans, a fait des progrès économiques considérables. Son crédit se rattachait d'une manière étroite à l'abolition du cours forcé, inauguré en 1866, par M. Scialoja. Depuis 1881, le cours forcé n'existe plus. La reprise des paiements en espèces a eu lieu : les budgets italiens, qui se soldaient par un déficit de 446 millions en 1862, se soldent, depuis plusieurs années, par des excédents. De lourds impôts ont été abolis ou modifiés ; des travaux utiles ont été accomplis. Le Ministre des Finances, qui a contribué, en grande partie, à réaliser ces heureux changements, peut maintenant jeter un coup-d'œil sur le passé, en se rappelant toutes les péripéties des finances Italiennes depuis la fondation de ce jeune royaume. L'Italie est sortie de ce que nous appelons : « l'ère des déficits » et elle est en pleine prospérité.

La rente italienne 5 0/0, réduite à 4,34 0/0 par l'impôt de 13,20 0/0 qui frappe les valeurs mobilières en Italie, se compose de 3 emprunts : le 1er au capital nominal de 714 millions a été émis, en France par MM. de Rothschild frères, en juillet 1861 à 70 fr. 50.

Le second, au capital nominal de 700 millions, a été également émis, en France, par MM. de Rothschild frères, en mars 1873, à 71 fr.

Le troisième, au capital nominal de 729.745.000 lires, autorisé par la loi du 7 avril 1881 pour l'abolition du cours forcé, a été émis à Londres par MM. Baring frères et MM. C. I. Hambro, pour 365 millions de lires en juillet 1881 à 90 0/0, et pour le surplus soit 364.745.000 lires, en mai 1882, à 88 0/0.

Le capital nominal de la dette publique d'Italie s'élevait :

Au 31 décembre 1884 à . . . . 9.938.062.224 lires 11
Au 31 décembre 1885 à 9.992.581.218   15

Aux dettes susdites, il faut ajouter celles qui sont directement administrées par la direction générale du Trésor et qui sont les suivantes :

1° *Dettes perpétuelles* :

Dette perpétuelle 5 0/0 au nom des corps moraux en Sicile.
Dette perpétuelle 5 0/0 au nom des communes de Sicile.
Rente 3 0/0 assignée aux créanciers dits légaux des provinces napolitaines.

2° *Dettes remboursables* :

Emprunt anglais 3 0/0 du 8 mars 1855.
Emprunt contracté en 1886 par l'ex-duc de Lucques, 4 0/0.
Annuité 3 0/0 due à la Cᵉ des chemins de fer Sud-Autrichiens.

Le capital nominal de ces dettes était :

Au 31 décembre 1884 de lires.......... 1.147.161.295 22
Au 31   —   1885 de   — 1.139.349.620 97

Au total, la dette publique du royaume d'Italie s'élevait donc en capital nominal :

Au 31 décembre 1884 à lires........... 11.085.223.519 33
Au 31   —   1885 à   — 11.131.930.849 12

La somme d'intérêts que réclame annuellement le service de la dette publique s'élève à lires 532.753.685   31
En voici le détail :

Lires.

1° Intérêts des dettes consol. et perpét.   441.517.531 50
2°   —   —   remboursables ...   64.380.674 98
3° Amort. des dettes remboursables ...   26.855.478 83

Total.............   532,753,685 31

Il faut remarquer que les sommes attribuées au service des dettes remboursables diminuent, d'année en année, par le fait de l'extinction graduelle des dettes elles-mêmes.

Les divers emprunts ont été contractés en rentes 5 0/0 et 3 0/0.

A la date du 1er janvier 1886, les rentes italiennes 5 0/0 et 3 0/0 consolidées étaient réparties entre les catégories d'inscriptions suivantes :

	5 0/0.	3 0/0.
Rentes nominatives......	206.665.110 »	4.529.613 »
— au porteur..........	232.917.285 »	1.858.026 »
— mixtes...........	1.834.040 »	15.984 »
Titres provisoires nominatifs..................	59.949 70	1.454 24
Titres provisoires au porteur.................	2.594 70	120 21
Totaux.........	441.478.979 40	6.405.197 45

Le capital nominal de la dette publique s'élevait :

Au 31 décembre 1870 à lires........	7.999.322.777 56
Au 31 — 1885 à lires........	11.131.930.849 12

De 1870 à 1885, l'augmentation de la dette a donc été de 3.132.608.071 lires 56.

Il est fait face au service de la dette publique avec les ressources ordinaires du budget. Aucune dette, actuellement, n'est hypothéquée ou garantie sur un chapitre spécial du budget des recettes, ou autrement.

Les divers emprunts en rentes ont été contractés par souscriptions publiques ou par ventes, à prix ferme ou à commission, à des banques ou à des institutions de crédit tant dans le royaume qu'à l'étranger.

Pendant l'exercice financier du 1er juillet 1884 au 30 juin 1885, il a été payé net, en rentes :

A l'étranger : lires...............................	103.611.752 98
En Italie : lires.................................	379.505.214 91
Total : lires.........	483.116.967 89

A ces renseignements officiels que nous devons à l'extrême obligeance de M. Novelli, directeur général du Trésor d'Italie, et de M. Luigi Bodio, directeur général de la statistique du royaume, nous ajouterons le relevé des plus hauts et des plus bas cours cotés à Paris, sur la rente italienne, depuis 1861.

De 1861 à 1869 inclus, le plus bas cours coté a été de 35 fr. 90, en 1866, au moment de la guerre Austro-Prussienne. Pendant cette même période, le plus haut cours a été de 76 fr., coté en 1862.

En 1867, pendant l'année qui suivit l'annexion de la Vénétie à l'Italie, le 5 0/0 Italien cotait au plus haut 56 fr. 80 et au plus bas 43 fr. 20. Avant la guerre, en 1870, il s'élevait à 60 fr. 90, gagnant difficilement 4 fr. en 4 années : pendant cette même année 1870, il tombait à 42 fr. 50.

En 1872, alors que l'Italie possédait Rome, l'Italien montait à 71 fr. 05. Ce cours fut bientôt perdu : nous ne le retrouvons à la cote qu'en 1875. Depuis lors, la hausse a été presque continue. On cote 89 fr. 20 en 1881. Au mois d'avril 1881, l'Italien atteint 91 fr. 90. Les incidents relatifs aux affaires Tunisiennes le font retomber à 88 fr. 40. En 1882, le cours de 85 fr. est effleuré : depuis cette époque, le mouvement de hausse s'est accentué d'année en année.

Ainsi : de 1870 à 1880, le plus bas cours coté a été de **42 fr. 50** en 1870 et le plus haut de **89 fr. 20** en 1880.

De 1881 à 1886, le plus bas cours a été de **85 fr.** en 1882; les plus hauts cours ont été atteints en 1886.

Faisons remarquer encore, en terminant, que la rente italienne 5 0/0 qui a été émise en France et à l'étranger, et qui, à son origine, se trouvait presque en totalité, dans le portefeuille des capitalistes français, appartient aujourd'hui, en majeure partie, aux rentiers italiens.

Sur 483.116.967 fr. 89 de rentes payées du 1er juillet 1884 au 30 juin 1885, il avait été payé en Italie, 379.503.214 fr. 91, et, à l'étranger, 103.611.752 fr. 98.

Les paiements de la rente italienne, à l'échéance des coupons du premier semestre 1886, se sont élevés à 62.696.048 fr. 90: dont 51.616.049 fr. 30 à Paris, 7.951.797 fr. 98 à Londres et 3.126.241 fr. 62 à Berlin.

De plus, sur les places de Bâle, Zurich et Breslau, ont été payés 79.174 27 : ainsi, le montant total de la Rente italienne payée à l'étranger a été de 62.775.223 fr. 19.

Dans le second semestre de 1885, ces paiements n'ont été que de 59.821.812 fr. 93; ainsi, pendant une période de six mois, il est sorti de la Rente italienne pour 2.953.410 fr. 36.

Il convient de remarquer la diminution de la Rente sur la place de Berlin.

En effet, tandis qu'au 31 décembre 1885 on a payé sur ce marché 6.400.119 fr. 58 pour la Rente échue, au 31 juin 1886 ces paiements n'ont été que de 3.138.241 fr. 62.

Un même phénomène s'est produit à Bâle, Zurich et Breslau, où les paiements de 140.099 fr. 29 sont descendus à 79.174 fr. 28.

A Paris et à Londres, au contraire, on constate une augmentation.

La place de Paris qui, à la fin de 1885, possédait des titres pour une rente de 46.380.290 fr. 91, en avait au 30 juin 1886 pour 51.610.049 fr. 39, Berlin de 6.400.119 fr. 58 au 31 décembre 1885, en avait fin juin 1886, 7 millions 951.757 fr. 90.

D'après le montant de la rente italienne inscrite au Grand Livre, il résulte des données ci-dessus que 28 0/0 environ de cette rente est placée à l'étranger, soit un peu plus du tiers de la rente totale.

Ce fait a une grande importance ; il prouve que l'épargne du pays a pris une sérieuse extension, et que l'Italie, qui empruntait naguère à l'étranger sur le pied de 5 1/2 et de 5 0/0 tend maintenant à placer chez elle les titres de rentes de ses emprunts.

De la répartition des rentes Italiennes en Italie et à l'étranger.

Pour établir approximativement dans quelles proportions les dettes publiques de l'Etat, et spécialement le Consolidé 5 0/0, sont réparties, à l'intérieur du royaume et à l'étranger, en prenant pour base les comptes de caisse de la décade 1875-1884, il faut se rapporter au *Tableau synoptique* ci-après, que nous devons à l'obligeance de M. Perozzo, secrétaire général du Ministère des finances d'Italie. On trouvera inscrit dans cet important travail :

Tableau synoptique des payements nets effectués à l'étranger et dans le royaume, de l'année 1874 à 1884, pour le service de toutes les dettes publiques et du Consolidé 5 0/0.

ANNÉES	PAYEMENTS FAITS POUR LES DETTES PUBLIQUES			PAYEMENTS FAITS POUR LE CONSOLIDÉ 5 0/0		
	A L'ÉTRANGER.	DANS LE ROYAUME.	TOTAL.	A L'ÉTRANGER.	DANS LE ROYAUME.	TOTAL.
1875.....	84.544.677 16	351.765.825 73	436.310.502 89	51.729.734 »	248.464.422 42	300.194.156 42
1876.....	81.618.730 06	358.443.519 26	440.062.299 32	54.769.896 31	259.629.915 24	314.399.811 55
1877.....	89.155.334 64	375.746.337 07	464.901.671 71	61.093.591 96	268.834.115 14	329.927.707 10
1878.....	91.710.380 94	358.860.011 65	450.570.492 59	62.666.373 21	256.651.940 88	319.318.314 09
1879.....	58.920.183 06	318.670.444 93	377.590.627 99	37.822.969 80	241.867.767 48	279.690.737 28
1880.....	116.728.622 46	391.949.166 81	508.677.789 27	89.508.952 05	306.529.397 53	396.038.349 58
1881.....	87.941.410 42	338.606.516 90	426.547.927 32	61.538.587 32	282.769.984 12	344.308.571 44
1882.....	116.779.176 52	324.240.556 66	441.019.733 18	91.023.349 94	278.656.623 26	369.679.973 21
1883....	103.783.932 79	314.286.094 10	418.070.026 89	77.296.228 94	275.841.707 31	353.137.936 25
1884.. ...	81.092.033 34	333.657.818 90	414.779.852 24	59.050.606 37	297.425.020 46	356.475.626 83
	912.274.531 39	3.466.256.392 01	4.378.530.923 40	645.500.289 91	2.716.670.593 84	3.364.171.183 75

1° Tous les paiements faits pour le service de la dette publique, effectués soit en Italie même soit à l'étranger.

2° Les payements du Consolidé 5 0/0 *seul*, en distinguant également comme ci-dessus.

Cependant, comme le caissier de la dette publique ne porte sur ses livres les payements faits par d'autres pour son compte qu'après que l'administration en a complété la vérification et reconnu la régularité, il s'ensuit que les payements qui figurent année par année dans le tableau en question, ne sont pas ceux qui ont été effectués réellement chaque année, en Italie ou à l'étranger, mais ceux qui ont été revus, approuvés et remboursés chaque année.

Ainsi, par exemple, dans les payements de 1875 se trouvent compris ceux qui ont été faits dans les derniers mois de 1874 et remboursés au commencement de l'année suivante ; mais, par contre, il n'y figure pas les payements faits vers la fin de l'année, lesquels, à leur tour, sont comptés dans l'année 1876.

Néanmoins, les chiffres portés d'année en année représentent, la plupart du temps, les payements de 12 mois, et peuvent par conséquent servir à donner une idée du montant des payements qui se font annuellement à l'étranger et à l'intérieur du royaume.

Il convient de faire une seule exception pour 1879, année dans laquelle les remboursements aux divers comptables ont été un peu retardés à cause du transfert à Rome de la Direction générale de la Dette publique. Et comme, d'autre part, ces mêmes remboursements ont été portés à l'année 1880, les chiffres de cette année sont nécessairement supérieurs à la moyenne réelle, indépendamment de l'influence qu'a pu exercer le mouvement qui s'est produit durant l'année 1880 dans la rente consolidée 5 0/0.

Ceci posé, on peut conclure, de l'examen des chiffres qui viennent d'être présentés, que, en tenant compte de l'augmentation continue de la Dette, il n'y a pas eu de balances notables reportées d'une année à l'autre, sauf pour les années 1882, 1883 et 1884, sur lesquels nous reviendrons ci-après.

Il convient de considérer tout d'abord, au moins en ce qui concerne le Consolidé 5 0/0, dans quelle proportion les payements ont été faits à l'étranger en 1875, par comparaison avec les années précédentes.

Dans ce but, le rapport du Directeur général à la commission de surveillance pour l'année 1875, contient, à la page 77, un tableau dans lequel, examinant seulement *la rente 5 0/0 au porteur*, la comparaison est établie entre le montant des coupons à payer, et le montant de ceux qui ont été payés à l'étranger.

Il peut être utile de le reproduire, en répétant l'observation déjà faite, à savoir que, depuis l'année 1871, les payements à l'étranger ont toujours diminué, en raison des difficultés que les mesures prises par le gouvernement opposaient à la spéculation qui consistait à accaparer les coupons en Italie pour les réaliser à l'étranger en valeur métallique.

Voici le tableau en question :

Années	Montant net des coupons échus.	Montant net des coupons payés à l'étranger.	Rapport entre la 1re et la 2e colonne.
1871...	145.945.353 27	58.346.183 44	39 98 0/0
1872...	154.031.569 30	52.073.892 39	33 81 0/0
1873...	151.219.422 90	53.342.116 42	35 27 0/0
1874...	152.107.688 53	45.614.228 66	29 99 0/0
1875...	152.149.185 53	50.601.389 71	33 26 0/0

En 1874, la formalité de l'*affidavit* fut adoptée, et les payements à l étranger subirent encore une diminution notable, de sorte que, en admettant que la spéculation sur les payements en or ait à peu près entièrement cessé à partir de ce moment, on ne peut établir, que d'après les chiffres de 1874 et des années suivantes, la quantité de rente qui s'est trouvée effectivement entre les mains de porteurs étrangers.

Si, à partir de 1875, on note une augmentation, elle doit être attribuée à l'augmentation de la circulation elle-même, résultant de la conversion en rente consolidée 5 0/0 (en vertu de la loi du 2 juillet 1870, n° 2570) des obligations ordinaires Chemins de fer Romains, dont une grande partie étaient placées hors du royaume, — ainsi que de la convention de Bâle du 17 novembre 1875.

Et maintenant, revenons à l'examen des derniers chiffres du tableau synoptique, en observant la réserve faite plus haut.

En mai 1879, le Gouvernement supprima la formalité de l'*affidavit* pour les titres de rente de £ 2,50, 5, 12,50, 25 et 50; finalement, au 1er juillet 1881, cette mesure de précaution fut complètement abandonnée, en raison des effets de la loi du 7 avril 1881, n° 133 (série 3e), qui avait aboli le cours forcé. Néanmoins, l'année 1881 n'a offert aucune différence notable.

En 1882, par contre, les payements à l'étranger, pour le Consolidé 5 0/0, ont dénoté une augmentation considérable, sans doute parce qu'une grande partie de l'emprunt pour l'abolition du cours forcé avait été placée hors du royaume.

En 1883 et 1884, les payements en général, et ceux du Consolidé 5 0/0 en particulier, ont diminué de nouveau, ce qui tient soit à ce que le retour de la circulation métallique en Italie avait fait cesser entièrement la spéculation sur l'exportation des titres hors du royaume, soit encore parce que la rente 5 0/0 placée à l'étranger revenait de main en main en Italie, à la faveur des dispositions qui en avaient facilité la circulation sur les diverses places européennes.

XII

ROYAUME DE SUÈDE

Le capital nominal de la dette publique de Suède s'élevait au 31 décembre 1885 à 247,069,595 couronnes (1 couronne = 1 fr. 39), soit en francs 345 millions 650,363 fr. 40.

Le service de la dette publique a réclamé en 1885 :

Comme intérêts...............	9.636.784	couronnes.
— amortissement......	2.202.774	—
Soit au total	11.839.558	—

et en francs 16,455,985 fr. 62.

Les titres de rente ont été émis ainsi qu'il suit :

En 5 0/0..................	12.966.700	couronnes.
En 4 1/2 0/0..............	71.550.224	—
En 4 0/0	162.552.671	—
Total.........	247.069.595	—

L'emprunt en 5 0/0 est remboursé depuis le 1er avril 1886.

D'après une évaluation approximative de l'honorable M. Elis Sidenbladle, directeur général de la Statistique du royaume de

Suède, on peut estimer que toute la dette publique suédoise appartient :

Aux nationaux pour	200 millions de couronnes ;	
Aux étrangers non Français	20 »	»
Aux Français	28 »	»

L'augmentation de la dette publique de 1870 a été de 130.303.768 couronnes, soit en francs 181 millions 247.337 fr. 52.

Les emprunts publics effectués n'ont pas d'autre gage spécial que la garantie de l'État.

De tous les emprunts effectués avant 1870, il n'en reste qu'un, émis en 1860, qui, fin 1885, se trouve réduit à 1.733.333 1/2 couronnes.

On trouvera ci-après le détail de tous les emprunts publics émis, depuis 1870, par le gouvernement Suédois.

Il convient de faire remarquer que toutes ces émissions ont été effectuées soit pour construire des chemins de fer, soit pour convertir d'anciens emprunts en en réduisant les intérêts. C'est ainsi que tout récemment le gouvernement a émis un emprunt 3 1/2 0/0. Les demandes des banquiers étrangers ont été considérables et ont dépassé toute attente.

Voici le tableau des emprunts publics contractés par l'État de Suède depuis 1870 :

	TAUX	MONTANT primitif de toutes les obligat.	NOMBRES ET VALEURS des obligations respectives.		REMARQUES DIVERSES.
Emprunt de 1870 (30/9) Obligations délivrées en monnaie suédoise.	5 0/0	Kronor: 40.000.000	Sér. A. 5 500 à B. 11.900 à C. 6.000 à	Kr. 5 000 1.000 100	L'amortissement se fait par achat d'obligations, si leur prix est au-dessous du pair, sinon par tirage. Les obligations émises ne s'élèvent qu'à 16.170.000 Cour. L'emprunt est dénoncé par le Comptoir de la dette publique pour être remboursé le 1er avril 1886.
Emprunt de 1872 (30/3) Obligations délivrées en monnaie suédoise.	4 0/0	Kronor; 21.000.000	Sér. A. 3.000 à B. 8.400 à C. 6.000 à	Kr. 5.000 1.000 100	L'amortissement s'opère d'après un plan fixé, mais le Comptoir de la dette publique s'est réservé le droit de faire sortir au tirage, *après* le 30 mars 1882, une plus grande partie des obligations qu'accorde le plan primitif.
Emprunt de 1875 (2/8) Obligations délivrées en Reichsmark allemandset Kronor suédois au cours de 8/9 Kr. par Reichsmark.	4 1/2 0/0	Reichs. 56.250.000	Sér. A. 7.000 à B. 13.000 à C. 16.000 à D. 20.500 à	R. 3.000 1.500 600 300	L'emprunt entier a été effectué par 3 émissions, dont la 1re, 20.250.000 Reich., a été contractée avec MM. Erlanger et fils, die OEsterreichische Deutsche Bank, die Anglo-OEsterreichische et les banquiers Haller Jöble et Ce; la 2e, 18.000.000 Reich avec MM. Erlanger et fils et die Anglo-OEster. Bank; et la 3e 18.000.000 Reichsm., avec MM. Erlanger et fils. De cette dernière émission, des obligations pour 3.236.700 Reichsm., étaient délivrées à la fin de 1884. L'amortissement se fait par tirage.
Emprunt de 1876 (15/6) Obligations délivrées en Livres Sterling.	4 1/2 0/0	Liv. St. 2.000.000	Sér. A. 500 à B. 1.000 à C. 10.000 à	£. 1.000 500 100	De la somme totale d'obligations vendues, 2.000.000 £, MM. C.-J. Hambro et fils (London) ont pris 3/4, soit 1.500.000 £. L'amortissement s'opère sur un plan fixé par achat d'obligations, si leur prix est au-dessous du capital nominal, mais sinon par tirage.
Emprunt de 1878 (15/6) Obligations délivrées en Livres Sterl. et en Francs au cours de 25 fr. 10 = 1 £.	4 0/0	Liv. St. 1.500.000 ou Francs : 37.750.000	Sér. A. 375 à B. 750 à C. 5.500 à D. 2.000 à E. 5.000 à	£. 1.000 500 100 50 20	En 1878, MM. Hambro et fils et la Société des Dépôts et Comptes courants à Paris prirent chacun 1/3 de l'emprunt ou ensemble 1.000.090 £. Pendant 1879 1883 le reste fut vendu L'amortissement se fait par achat d'obligations, si leur prix se tient au-dessous du pair, mais sinon par tirage.
Emprunt de 1879 (1/11) Obligations délivrées en monnaie suédoise.	4 1/2 0/0	Kronor: 9.000.000	Sér. A. 120 à B. 210 à C. 480 à D. 1.500 à	Kr. 25.000 10.000 5.000 1.000	Emprunt temporaire qui fut remboursé en 1883.
Emprunt de 1880 (1/4) Obligations délivrées en Livres Sterl., Kr., Francs et Reichsm. au cours de 1 815 Kr. = 100 £. = 2.520 Fr. = 2 040 Reichsmark.	4 0/0	Liv. St. 6.000.000	Sér. A. 900 à B. 2.400 à C. 29.000 à D. 80.000 à	£. 1.000 500 100 20	Pour cet emprunt 3 émissions ont été faites, chacune de 2 200.000 £ L'amortissement s'opère par tirage. L'emprunt a été pris par une association de banques anglaises, françaises et allemandes ainsi que par deux banques suédoises.

N.

Les emprunts suédois cotés à la Bourse de Paris sont les suivants :

1° *Emprunt* 4 0/0 *de* 1878. Le montant de cet emprunt est de 1.500.000 £. Le gouvernement suédois s'est réservé de disposer à son gré de 500.000 £ sur cet emprunt. Les 1.000.000 £ restant ont été concédés à MM. Hambro et fils de Londres, et à la Société de Dépôts et comptes courants à Paris.

L'émission a eu lieu à Londres et à Paris du 12 au 14 juin 1878 au prix de 88 0/0 (soit 441 fr. 76 par titre de 502 fr. de capital au change de 25 fr. 10). Au 31 décembre 1886 cet emprunt était coté à 104 0/0. Les titres ont été admis à la cote le 27 août 1878. Les coupons d'intérêts sont payables à Londres, chez MM. Hambro et fils ; à Paris, à la Société de Dépôts et Comptes courants.

2° *Emprunt* 4 0/0 1880, divisé en trois séries ou trois émissions de 55.440.000 fr. chacune.

La première émission a eu lieu le 3 juin 1880 à 492,05
La deuxième émission a eu lieu le 24 mai 1881 à 497,25
La troisième émission a eu lieu le 4 juin 1883 à 497,75

Le service des titres se fait à Paris à la Banque de Paris et des Pays-Bas. Ces obligations, admises à la cote les 16 avril 1880, 1er juillet 1881, 23 juillet 1883 et 30 juillet 1885, se négociaient à 530 fr. environ fin décembre 1886.

XIII

ROYAUME DE NORWÈGE

Nous avons, sur la dette publique de ce pays, les renseignements suivants que nous devons, en grande partie, à l'obligeance de M. A. N. Kiaër, directeur du bureau central de statistique du royaume de Norwège, à Christiania.

Au 30 juin 1885, la dette publique s'élevait à 108 millions 638.845 couronnes (1 couronne = 1 fr. 39), soit en francs 151.007.994, 55.

Les titres de rentes ont été émis sous les formes suivantes :

En 5 0/0	172.000	couronnes.
En 4 1/2 0/0	54.941.012	»
En 4 1/4 0/0	7.000	»

En 4 0/0   52.773.683 couronnes.
En 3 3/4 0/0   435.086   »
En 3 1/2 0/0   323.998   »
En 3 0/0   140.266   »

Les emprunts Norwégiens cotés à la Bourse de Paris sont les suivants :

1° *Emprunt* 4 1/2 0/0 1876 de 1.320.000 £ concédé à MM. Hambro et fils de Londres, et émis par eux en 1876, à 96 1/2 0/0.

Cet emprunt est remboursable du 1er mai 1878 au 1er novembre 1916, soit par achats sur le marché si le cours est au-dessous du pair, soit par tirages semestriels si le cours est au pair ou au-dessus.

Le gouvernement s'est réservé le droit, à l'expiration de 10 ans, à partir du 1er janvier 1877, de rembourser, soit par achats, soit par tirages, tout ou partie du capital qui resterait encore en circulation.

Les titres de cet emprunt, admis à la cote le 28 mai 1879, se négocient de 107 à 108 0/0.

2° *Emprunt* 4 1/2 0/0 1878 de 1.700.000 £ concédé à MM. Hambro et fils, émis en avril 1878 à 95 0/0, remboursable en cinquante-deux ans, soit par voie de rachat en Bourse, soit par tirages au sort semestriels. Le gouvernement s'est réservé le droit de rembourser cet emprunt, à partir du 1er janvier 1880.

L'emprunt, admis à la cote le 12 mars 1879, se négocie à environ 108 0/0.

3° *Emprunt* 4 0/0 1880 de 1.156.000 £, concédé à MM. Hambro et fils et au Comptoir d'Escompte de Paris. Émis les 12, 13, 14 avril 1881 à 492 fr. 65 par obligations de 501 fr.

Cet emprunt est remboursable en cinquante-deux ans : le gouvernement s'est réservé le droit, à partir du 1er janvier 1891, de rembourser la totalité de cet emprunt.

L'admission à la cote a eu lieu le 7 juin 1880 ; les obligations de cet emprunt valent environ 530 fr.

Usant du droit qu'il s'était réservé, le gouvernement norwégien a appelé au remboursement l'emprunt 4 1/2 0/0 de 1876 pour le convertir en rentes 3 1/2 0/0. Le gouvernement norvégien a adjugé à la maison Hambro et fils, de Londres, qui avait fait des offres en concurrence avec plusieurs maisons de banque de Hambourg, de Berlin et de Copenhague, l'émission de l'emprunt de conversion de 24 millions de couronnes (33.360.000 fr.) des-

tiné au remboursement de l'emprunt anglais 4 1/2 0/0 de
1.320.000 £ créé en 1876.

Cet emprunt a été émis sous forme de rente 3 1/2 0/0. Une
souscription a été ouverte, dans ce but, à Paris, par M. Hoskier
et Cⁱᵉ; mais le public, insuffisamment renseigné sur les finances
de la Norwège et ne connaissant que très imparfaitement les
maisons qui patronnaient l'emprunt a fait un froid accueil à
l'émission.

Il est probable qu'ultérieurement, le gouvernement norwégien
s'occupera de la conversion de son emprunt de 1878.

XIV

ROYAUME DE DANEMARK

D'après les renseignements que nous devons à l'obligeance de
M. Marius Gad, chef du bureau de Statistique du Royaume de
Danemark, le capital nominal de la dette publique Danoise
s'élevait, au 31 décembre 1885, à 197.710 couronnes, et, à la
date du 31 mars 1886, d'après un relevé officiel, récemment
publié, à 194.395.436 couronnes, dont 180.929.770 couronnes ont
été émises à l'intérieur. La couronne valant 1 fr. 39, la dette
représente, en francs, d'après les chiffres du 31 décembre 1885,
la somme de 274 millions 816.000 fr. L'intérêt et l'amortissement
exigent annuellement 8.955.063 couronnes, soit 12 millions
445.537 fr. 57, se divisant ainsi qu'il suit :

Comme intérêts............	7.458.295	couronnes
— amortissement......	1.496.768	—
Total.....	8.955.063	couronnes

Les titres de rente ont été émis sous les types suivants :

Rentes 5 0/0	1.624.000	couronnes.
— 4 1/2 0/0........................	12.700	—
— 4 0/0........................	192 972.500	—
— 3 3/4 0/0........................	52.000	—
— 3 1/2 0/0..........	637.600	—
— 3 0/0	496.700	—
En Bons (Antilles Danoises)	512.000	—
Rentes viagères : Capital nominal, sans intérêt...................... ...	1.412.300	—

Plusieurs emprunts ont été effectués à l'étranger, sur les places de Londres, Amsterdam et Anvers, mais la majeure partie a été réalisée dans le pays même. On ne peut fixer approximativement la quantité de rentes appartenant aux nationaux ou aux étrangers.

La dette publique s'élevait, en 1870, à 233.252.000 couronnes; elle a, depuis cette époque, diminué de 35.542.000 couronnes, soit 49.403.380 francs.

Au 31 mars 1885, la dette publique Danoise comprenait 38,628,000 couronnes amortissables en 20 ans à 4 0/0.

Cette partie de la dette a été employée par l'État à payer les actions des chemins de fer de Séeland achetées par l'État en 1880.

La situation du Trésor s'est donc, en réalité, améliorée de 1870 à 1885, non pas de 35.542.000 couronnes, mais bien de 74.170.000 couronnes. Tous les emprunts effectués par le Danemark n'ont reçu aucun gage spécial : ils sont garantis par l'ensemble des ressources du budget du pays. La situation financière du Danemark est excellente ; il convient de noter cependant que si, depuis nombre d'années, le budget était en excédent de recettes, celui de 1887, au contraire, présente un déficit de 9 millions de couronnes ; les recettes sont estimées à 53 millions de couronnes, et les dépenses à 62 millions. En voici la cause :

Le budget extraordinaire dépasse pour 1887, 13.000.000 de couronnes, alors que, pour l'exercice courant, il n'avait été porté qu'à 4.700.000 couronnes. Parmi les dépenses extraordinaires figurent 6 millions pour des fortifications, des armes, des munitions, etc., 3 millions 1/2 pour la marine, 4 millions pour divers travaux publics, etc. Le gouvernement se propose de combler le déficit prévu au moyen des excédents que les exercices antérieurs ont laissés disponibles.

Il n'y a pas d'emprunt Danois coté à la Bourse de Paris.

L'emprunt 4 0/0 est coté à Copenhague environ 103 0/0.

Toute la dette Danoise 4 0/0 sera prochainement convertie en rente 3 1/2 0/0.

- D'après un projet de loi récemment présenté au Folketing, toutes les rentes 4 0/0 devront être remboursées le 11 mars 1887.

' Les détenteurs des anciennes obligations recevraient des titres à 3 1/2 0/0 au cours de 98 1/2, ainsi qu'une bonification de 1 3/4 0/0.

La conversion sera annoncée deux mois à l'avance. Le projet

de loi relatif à la conversion de la dette a été renvoyé à une commission de 11 membres. Si ce projet est ratifié par les pouvoirs publics, ce qui ne semble pas douteux, les porteurs de rentes auront à opter, le 11 mars 1887, entre le remboursement en espèces de leurs titres et l'échange de ceux-ci contre de nouvelles obligations.

XV

ROYAUME DES PAYS-BAS

Au 31 décembre 1885, la dette publique de l'État s'élevait à 1.076.230.576 florins de Hollande, soit à 2 milliards 260 millions 081.209 fr. 60.

Les intérêts annuels réclamés pour le service de la dette s'élèvent à 33.136.172 florins, soit 69.586.961 fr. 20.

Voici comment se décompose la dette publique et quels types de rentes elle comprend :

Types de Dette.	Capital nominal Florins.	Intérêts Florins.
Grand Livre 2 1/2 0/0	630.593.500	15.764.837
— 3 0/0	94.655.600	2.839.668
Syndicat d'amortissement 3 1/2	9.732.000	332.745
Grand Livre 4 0/0	197.128.100	7.885.124
Oblig. 4 0/0 1878	19.085.300	758.372
— 4 0/0 1883	59.813.100	2.392.524
— 4 0/0 1884	59.700.000	2.388.000
Cⁱ Canal Amsterdam 4 0/0	5.519.000	220.760
Dette flottante	»	500.000
Rentes des versements par fonctionnaires 4 0/0 et 3 0/0	»	172
Rentes viagères (loi de 1814)	»	750
Emprunts pour routes à 3 0/0	3.976	119
Rentes et charges du domaine.....	»	38.000
— pour dépôts et consignat...	»	15.000
Total............	»	33.136.071

Ces 33.136.071 florins comprennent 600.000 florins de rentes pour fonds de garantie de florins 15 millions de billets monétaires, inscrits au grand livre 2 1/2 et 3 0/0.

La majeure partie de la dette publique Hollandaise appartient à des nationaux, quoique bon nombre de titres se trouvent en Angleterre, en Belgique, en France, en Allemagne. Les renseignements précis et exacts sur la quantité de titres qui appartient à des Français, font absolument défaut. L'emprunt d'avril 1883 a été, en partie, souscrit en Allemagne, mais ce fait ne prouve pas que les titres soient restés dans ce pays.

Du 1er janvier 1850 au 1er juillet 1884, la dette publique a diminué, en capital, de 217.149.239 florins, soit 456 millions 013.401 fr. 90 et, en intérêts, de 5.818.037 florins, soit en francs 12.217.877 fr. 70.

Depuis le 1er juillet 1884, date à laquelle s'arrêtent les documents officiels publiés dans l'*Annuaire de la Statistique* du royaume de Hollande, un emprunt de 60 millions de florins a été conclu. La diminution exacte de la dette, au 31 décembre 1885, est donc de 157.149.239 florins, soit en francs 330 millions 013,401 fr. 90.

Depuis 1870, la Hollande a émis trois emprunts : en 1878, 1883, 1884. Tous trois ont été contractés en rentes 4 0/0.

Les deux premiers ont été émis par souscription publique, un peu au-dessous du pair. Ces deux emprunts ont été plusieurs fois couverts.

L'emprunt de 1884 a été vendu ferme à des maisons de banque d'Amsterdam à 100,50. Il a été ensuite réalisé par les banquiers sur les marchés allemands.

Les emprunts hollandais, cotés à la Bourse de Paris, sont :

La rente 2 1/2 p. 0/0 ;

L'emprunt 3 0/0 1844 ;

L'emprunt 4 0/0 1878 ;

L'emprunt 4 0/0 1883.

1° *Rente* 2 1/2 0/0. — Cette rente est représentée par des inscriptions nominatives sur le Grand-Livre de la dette publique. Le gouvernement ne délivre pas de titres au porteur ; mais il a accordé à diverses sociétés le droit d'émettre, contre justification d'inscriptions nominatives, des certificats au porteur contresignés par la direction du Grand-Livre de la dette publique et pouvant toujours être convertis en nominatif.

C'est ainsi qu'il existe des *certificats hollandais*, parce qu'ils ont été émis par des banquiers hollandais, et des *certificats français* émis par plusieurs banquiers français, notamment par MM. Mallet frères et d'Eichtal en 1834 ; Bischofsheim, Goldschmidt et C° en 1850.

Les coupons sont payables à la Société de Dépôts et Comptes courants.

Cette rente se négocie à environ 75 0/0.

2° *Emprunt* 3 0/0 1844. — Cet émprunt est de 120 millions de florins des Pays-Bas. Il a été émis en 1844. Il n'est pas remboursable : le gouvernement fait des rachats si les excédents du budget le permettent.

Les coupons sont payables à Amsterdam, sous déduction de 1 0/0 pour frais d'administration, et à Paris, au cours du jour. Il a été admis à la cote le 17 mai 1879, mais s'y négocie rarement. Son principal marché est à Bruxelles, où il vaut environ 90 0/0.

3° *Emprunts* 4 0/0 de 1878 et 1883. — L'emprunt de 1878 est de 43 millions de florins; celui de 1883, de 60.900.000 florins. Tous deux ont été émis par la Banque de Paris et des Pays-Bas.

L'emprunt 1878 a été émis à 98 3/8 en juin 1878;

L'emprunt 1883 a été émis à 98 3/4 le 16 avril 1883.

Le premier est coté depuis le 17 mai 1879 ; le second, depuis le 3 mars 1884. Leur cours est de 101 0/0 environ.

La situation financière de la Hollande est excellente, bien que le pays ait eu à souffrir, comme toute l'Europe, du reste, du ralentissement de plusieurs branches du commerce et de l'industrie, et de l'augmentation des dépenses militaires. Pour le budget de 1887, les dépenses ordinaires sont évaluées à 115.743 490 florins, et les recettes à 115.077.225 florins.

La différence entre les recettes et les dépenses ordinaires étant de 666.265 florins, quelques économies suffisent à établir l'équilibre.

Les dépenses extraordinaires sont évaluées à 17.685.780 florins et les recettes à 1.220.000 florins. La liquidation de ce passif, tout à fait exceptionnel, s'effectuera au moyen de la dette flottante, qu'on augmentera de 17 millions de florins en 1887. Dans son récent exposé financier, M. le Ministre des Finances a fait remarquer que, depuis 1871, les excédents de recettes et de dépenses alternent de telle façon qu'il y a compensation, bien que le budget ait été grevé de 6 millions par an pour le service de la dette et des grands travaux publics. En faisant abstraction des emprunts et des élévations d'impôts, les recettes ordinaires restent à peu près stationnaires à 141 millions de florins annuellement.

Faisons remarquer, en terminant, que le tableau de la dette que nous publions s'arrête au 31 décembre 1885. L'opération de conversion, qui a été effectuée en 1886, a modifié les résultats financiers arrêtés au 31 décembre 1885. Les inscriptions 4 0/0 du Grand-Livre de la Dette Nationale, les obligations d'État 4 0/0 émises en vertu des lois des 16 mars 1883 et 20 juillet 1884, et enfin les obligations à la charge de l'État, émises sur les bases de la convention avec la Société des Canaux d'Amsterdam, ont disparu. Ces différents titres qui rapportaient 4 0/0 ont été convertis en 3 1/2 0/0. Le délai de conversion était fixé du 31 mai au 15 juin 1886. Tous les porteurs qui, à cette date, n'avaient pas réclamé le remboursement, ont été réputés avoir accepté la conversion. Ceux qui, dans cet intervalle, notifiaient leur adhésion à la conversion, pouvaient réclamer des titres au porteur au lieu de leur rente inscrite. Une bonification de 2 0/0 était accordée pour la conversion du 4 0/0 en 3 1/2 0/0. Au moment où cette opération a eu lieu, les fonds Hollandais se négociaient ainsi qu'il suit :

Le 4 0/0 à 101,25.
Le 3 1/2 0/0 à 99 3/8.
Le 3 0/0 à 89 1/2.
Le 2 1/2 0/0 à 74 1/2.

Ces mêmes fonds se négociaient fin décembre 1886 aux cours suivants :

Le 3 1/2 0/0 à 99 7/8.
Le 3 0/0 à 89 1/2.
Le 2 1/2 0/0 à 75 1/4.

Nous avons publié, dans le *Rentier* du 7 juin dernier, tous les détails relatifs à cette opération de conversion qui, en diminuant le montant de la dette au 31 décembre 1885, a fait réaliser une économie qui a servi à couvrir une grande partie du déficit du budget de 1887.

XVI

ROYAUME DE BELGIQUE

Nous devons à l'obligeance de M. Leemans, l'éminent directeur général de la statistique au ministère de l'Intérieur et de l'Instruction publique, en Belgique, la plus grande partie des documents que nous publions plus loin, sur les finances belges. Nous lui renouvelons ici tous nos remerciements.

La situation financière de la Belgique a toujours été

suivie, chez nous, avec un vif intérêt. Cette situation est, en tous points, des plus satisfaisantes et justifie les cours élevés auxquels se négocient les fonds belges. Les progrès de toute nature accomplis par la Belgique, depuis la fondation de ce royaume jusqu'à nos jours, sont des plus considérables. On en jugera par quelques chiffres. Le commerce général de la Belgique, qui était, en 1831, de 202.592.865 fr., s'élevait, en 1883, à 5.410.909.004 fr. En comparant le mouvement commercial de la Belgique et celui de la Grande-Bretagne et de l'Irlande à celui de la France et de l'Allemagne, on constate que la valeur proportionnelle par habitant est de 1.044 fr. 36 pour la Belgique, de 514 fr. pour la Grande-Bretagne et l'Irlande, de 287 fr. 39 pour la France et de 260 fr. 40 pour l'Allemagne.

L'accroissement et la densité de la population belge méritent également d'être signalés : il y avait, en 1831, 128 habitants par 100 hectares; en 1884, ce nombre s'élevait à 191 en moyenne. Ajoutons enfin que les progrès de l'instruction ont été très importants. Pour les jeunes gens appelés au tirage au sort pour le service militaire, la proportion des lettrés était, en 1844, de 49,70 0/0; en 1844, elle s'est élevée à 81,50 0/0. Dans deux provinces, cette proportion est de 95 et 96 0/0 (1).

En ce qui concerne la dette publique, elle s'élevait, au 31 décembre 1885, à 1.771.925.648 fr. 91, se décomposant ainsi qu'il suit :

Rente 2 1/2 0/0..............	219.959.631	74
— 3 0/0 de 1873 et 1883.	509.972.600	»
— 3 0/0 de 1874........	1.409.634	95
— 4 0/0 { de 1873 et 1883, 1re série	905.864.782	22
de 1880, 2e sér.	134.719 000	»
Total	1.771.925.648	91

Le service annuel de la dette publique, comme intérêts et amortissement, réclame 86.545 803 fr. 77.

Les rentes Belges ont été émises en 5 0/0, 4 1/2, 4 0/0, 3 0/0, 2 1/2 0/0, ainsi qu'il suit :

(1) Voir le travail de M. Hubert Leemans sur les progrès de la Belgique, dans le volume publié par la Société de statistique de Paris, à l'occasion du 25e anniversaire de cette Société. P. 132 et suivantes.

5 0/0   Emissions de 1832, 1840, 1842, 1848.

4 1/2 0/0   —   de 1844 à 1871.

4 0/0   —   de 1836 et de 1871 à 1886.

3 1/2   —   de 1886 (conversion).

3 0/0   —   de 1838, 1842, et 1873 à 1880.

Il existe, en outre, une dette 2 1/2 0/0 provenant du partage de la dette avec la Hollande.

Voici le taux moyen annuel des cours auxquels se sont négociés ces divers fonds, à diverses dates :

	1840	1855	1860	1870	1878	1880	1884
5 0/0.....	100	99.71					
4 1/2 0/0..	»	92.97	97.28	101.97	103.94	104.51	»
4 0/0.....	92.58	90.50	96.34	»	99.86	104.82	104.27
3 0/0.....	70.80	73.06	76.57	89.67	76.53	84.12	84
2 1/2 0/0..	54.44	53.48	55.71	61.74	63.12	68.79	70.43

Les Fonds belges sont répandus dans tous les pays; la majeure partie de la dette se trouve dans les portefeuilles des]nationaux : les capitalistes hollandais possèdent aussi un assez grand nombre de ces titres. En France, ce sont surtout de riches capitalistes qui en ont acquis. Les éléments officiels manquent pour connaître exactement la répartition de ces rentes dans les divers pays.

Si nous comparons la situation de la dette de la Belgique du 31 décembre 1870 au 31 décembre 1885, nous trouvons que cette dette a augmenté de 1 milliard 089,044,734 fr. 95.

La situation de la dette au 31 décembre 1870 se composait ainsi qu'il suit :

Rentes 2 1/2 0/0.......	220.105.631 74
— 3 0/0...........	12.353.000 »
— 4 1/2 0/0.......	450.422.282 22
Total.......	682.880 913 96

Les emprunts Belges n'ont aucun gage spécial en dehors des ressources générales du budget.

Nous publions ci-après un tableau indiquant : 1° le montant nominal des emprunts effectués depuis 1870 ; 2° la date de la négociation ; 3° le taux d'intérêt auquel ces emprunts ont été émis; 4° l'objet et le mode d'émission.

Emprunts Belges effectués depuis 1870

EMPRUNTS (Capital nominal negocié)		DATE de la NÉGOCIATION	TAUX de L'INTÉRÊT	MODE D'ÉMISSION.
1.000.000	»	7 Juin 1870	4 1/2 0/0	Remis en payement du prix d'acquisition du Jardin botanique à Bruxelles.
15.773.300	»	23 Février 1871	4 1/2 0/0	Remis en payement du prix d'achat du matériel de la Cⁱᵉ des Bassins houillers du Hainaut.
51.000.000	20.000.000 31.000.000	29 Juillet 1871 8 Août 1871	4 0/0	Vente à des banquiers. Mis en souscription publique.
1.419.635	»	2 Avril 1873	3 0/0	Inscriptions au Grand Livre de la dette publique comme indemnité pour servitudes militaires.
306.859.000	165.000.000 65.000.000 13.250.000 33.000.000 30.000.000	16 Avril 1873 12 Mai 1873 3/4 Mars 1874 20 Avril 1876 14 Septembre 1876	3 0/0	Vente à des banquiers. Souscription publique. Id. Id. à Londres. Vente à des banquiers. Id. Id.
6.843.500	»	27 Mai 1876	4 0/0	Remis en payement à des constructeurs de chemins de fer.
1.800.000	»	19 Décembre 1876	4 0/0	Id. Id. Id.
52.550.000	»	18 Avril 1877	4 0/0	Remis à la Société du chemin de fer Dendre et Waes pour la capitalisation de l'annuité due au chef du rachat de cette voie ferrée.
23.068.100	»	1ᵉʳ Juin 1877	4 0/0	Remis en payement pour la construction de chemin de fer.
6.727.000	»	8 Juin 1877	4 0/0	Remis à la Société du chemin de fer de Pépinster à Spa pour la capitalisation de l'annuité due du chef du rachat de cette voie ferrée.
80.000.000	»	25 Janvier 1878	3 0/0	Vente à des banquiers.
18.989.000	»	31 Mai 1878	4 0/0	Remis en payement du prix de rachat du réseau ferré des Flandres.
22.188.400	»	Dates diverses	4 0/0	Remis en payement pour la construction des chemins de fer.
2.632.500	»	9 Juin 1878	4 0/0	Id. Id. Id.
40.500	»	23 Juillet 1879	4 1/2 0/0	Remis en payement du prix de rachat du matériel de la Cᵉ des Bassins houillers du Hainaut.
466.178.182	»	23 Juillet 1879	4 0/0	Conversion du 4 1/2 0/0.
134.719.000	66.719.000 68.000.000	8 Janvier 1880	4 0/0	Vente à des banquiers. Souscription publique.
133.000.000	»	29 Juin 1882	3 0/0	Vente à des banquiers.
164.796.000	104.796.000 60.000.000	27 Avril 1883	4 0/0	Vente à des banquiers. Souscription publique.

On remarquera que, depuis 1870, la Belgique a émis plusieurs emprunts en rente 4 1/2, 4 0/0 et 3 0/0, et que ces emprunts ont été appliqués à des travaux d'utilité publique et spécialement aux chemins de fer.

Au moment où la conversion de la rente 4 0/0 Belge en 3 1/2 0/0 vient d'être votée, il n'est pas inutile de rappeler que c'est la cinquième fois que le gouvernement belge convertit sa dette. La première conversion qui a eu pour effet de réduire à 4 1/2 0/0 l'intérêt à 5 0/0 des emprunts contractés en 1820, 1832 et 1839, remonte à 1844. La deuxième opération du même genre date de 1853; la troisième est de 1857; enfin, la quatrième ayant pour objet de réduire à 4 0/0 l'intérêt à 4 1/2 0/0 des rentes belges est du mois de juillet 1879. Maintenant, aucune conversion nouvelle ne pourra avoir lieu avant le 30 juin 1893 (1).

---

(1) Le projet de loi portant conversion de la rente Belge 4 0/0 était ainsi conçu :

Article premier. Le gouvernement est autorisé à rembourser, au pair, les divers emprunts et dettes de l'État, à 4 0/0.

Les remboursements pourront en être opérés successivement, suivant le mode à déterminer par le Ministre des finances.

Art. 2. Les porteurs d'obligations et les titulaires d'inscriptions nominatives auront la faculté d'en obtenir la conversion en dette 3 1/2 0/0 au pair.

Seront considérés comme ayant accepté la conversion ceux qui n'auront pas demandé le remboursement dans le délai à fixer par arrêté royal.

Art. 3. Les titres nouveaux constitueront deux séries, l'une aux échéances du 1er février et du 1er août, l'autre aux échéances du 1er mai et du 1er novembre.

Le Ministre des finances déterminera l'importance respective des deux séries.

Art. 4. L'échange des titres se fera, sans frais pour les intéressés, dans les diverses agences du caissier de l'État (Banque Nationale). Il pourra également être opéré à Paris.

Art. 5. Le gouvernement est autorisé à émettre des obligations à 3 1/2 0/0 à concurrence du montant des remboursements qui devraient avoir lieu en vertu de l'art. 1er.

Il pourra être pourvu aux besoins éventuels que nécessiteraient ces remboursements par une émission de bons du Trésor dont l'échéance ne dépassera pas 5 ans.

Art. 6. Une dotation annuelle de 0,20 0/0 du capital nominal des deux nouvelles dettes sera consacrée à leur amortissement; elle prendra cours à l'époque fixée par le Gouvernement et s'accroîtra des intérêts des capitaux successivement rachetés.

Il sera procédé à l'amortissement par des rachats à la Bourse, au cours du jour. Si le cours dépasse le pair, l'action de l'amortissement sera suspendue et les sommes demeurées sans emploi pendant tout un semestre

Les emprunts belges cotés à la Bourse de Paris sont :

Le 4 0/0 1871 ;

Le 4 0/0 1880. 2ᵉ série ;

Le 3 0/0 1873.

Les coupons de ces divers emprunts sont payables à Paris, chez MM. de Rothschild frères.

Le 4 0/0 1871 a été admis à la cote le 13 août 1879 ;

Le 4 0/0 1880 a été admis à la cote le 24 avril 1880 ;

Le 3 0/0 1873 a été admis à la cote le 12 mars 1879 ;

Les deux emprunts 4 0/0 se négocient à environ 105 et le 3 0/0 à 95.

L'emprunt 4 0/0 1871 de 50 millions de francs, créé en vertu de la loi du 27 juillet 1871, est représenté par des obligations au porteur de 2.000, 1.000, 500, 200 et 100 fr. de capital nominal, émis à 98 fr. L'intérêt annuel de 4 0/0, soit 4 francs par titre de 100 francs, est payable par moitié le 1ᵉʳ mai et le 1ᵉʳ novembre. Une dotation annuelle est consacrée à l'amortissement, lequel s'opère par rachats à la Bourse, si le cours est au-dessous du pair. L'amortissement est suspendu si le cours est au-dessus du pair.

L'emprunt 4 0/0 1880 (2ᵉ *série*) de 134.719.000 francs, créé en vertu d'un arrêté royal du 8 janvier 1880, sur lequel 68 millions ont été émis en souscription publique à Bruxelles, le 17 janvier 1880, au cours de 105 fr. 75, est représenté par des obligations au porteur de 10.000, 5.000, 2.000, 1,000, 500, 200 et 100 fr.

---

seront attribuées au Trésor ; elles pourront également être appliquées au rachat des dettes à 3 et à 2 1/2 0/0, suivant les conditions prévues dans la loi du 19 décembre 1874.

Art. 7. En cas de création d'autres dettes à 3 1/2 0/0 ayant les mêmes conditions d'amortissement et les mêmes termes de paiement des intérêts, les dotations de ces dettes pourront être confondues avec la dotation fixée à l'article 6.

Art. 8. L'exercice du droit de remboursement des titres à émettre en vertu de la présente loi sera suspendu jusqu'au 30 juin 1893.

Art. 9. L'époque d'entrée en jouissance de l'intérêt des nouvelles dettes à 3 1/2 0/0 et les autres conditions de l'opération seront réglées par arrêté royal.

Art. 10. Un crédit spécial de cinq cent mille francs (500.000 francs) est ouvert au département des finances (dette publique) pour frais de confection et d'émission des nouveaux titres. Ce crédit sera couvert au moyen d'un emprunt.

Il pourra l'être provisoirement par des bons du Trésor dont l'échéance ne dépassera pas cinq ans.

Service de la Dette publique Belge pour l'exercice 1886.

DÉSIGNATION DES SERVICES ET DE L'OBJET DES DÉPENSES.	SOMMES AFFECTÉES AU SERVICE		TOTAL PAR DETTE	MONTANT DES CRÉDITS.
	des intérêts.	de l'amortissement		
CHAPITRE 1er				
Service de la Dette proprement dite.				
1re Section.				
Dette dont l'origine est antérieure au 1er octobre 1830.				
Dette à 2 1/2 0/0.	5.498.990 78	»	5.498.990 78	5.4989.90 78
Rente au nom de S. G. le Prince de Waterloo. .	»	»	»	80.593 14
2me Section.				
Redevances dues au Gouvernement des Pays Bas en vertu du traité du 5 novembre 1842, et de la convention internationale du 31 octobre 1879 approuvée par la loi du 29 avril suivant:				
Redevance pour l'entretien du canal de Terneuzen et de ses dépendances.	»	»	»	123.386 24
Rachat des droits de fanal.	»	»	»	21.164 02
3me Section.				
Dettes contractées depuis 1830.				
§ 1er Intérêts et amortissement.				
Emprunt à 4 0/0 de 1871 et capitaux qui ont été ajoutés.	36.588.342 68	4.552.599 17	41.140.941 85	41.140.941 85
Emprunt à 4 0/0, 2e série (de 1880).	5.388.760 »	673.595 »	6.062.355 »	6.062.355 »
Dette à 3 0/0	15.595.770 »	1.039.718 »	16.635.488 »	16.635.488 »
Dette à 3 1/2 0/0	3.057.424 12	»	3.057.424 12	3.057.424 12
Totaux. . . . Fr.	66.129.287 58	6.265.912 17	72.395.199 75	

Intérêts et frais des capitaux nécessaires à l'effet de pourvoir aux dépenses sur ressources extraordinaires à effectuer pendant l'année. (*Pour mémoire*). . . . . 1.700.000 »

§ 2. Annuités diverses.

Rente au nom de la ville de Bruxelles. . . . . 300.000 »
Rente constituant le prix de rachat du chemin de fer de Mons à Manage. . . . . 672.330 »
Quote-part de la Belgique du chef de la reprise de la ligne de Spa à la frontière Grand-Ducale. . 500.000 »
Seizième annuité pour prix d'une partie du matériel d'exploitation, repris en vertu de l'article 10 de la convention du 25 avril 1870, approuvée par la loi du 3 juin suivant. . . . . . 612.000 »
Annuité à servir jusqu'en 1949 inclusivement, pour le service des actions privilégiées de la même compagnie. (*Pour mémoire*). . . . . » »
A. Annuité de 7.000 francs par kilomètre sur 770.167 mètres, longueur des lignes ou sections de lignes livrées à l'État antérieurement au 1er janvier 1877 (Art. 33 § 1er, de la convention du 1er juin 1377). . . . . Fr. 5.391.169 »
B. Annuité de 4.000 francs par kilomètre sur les mêmes lignes ou sections de lignes (Art. 31, § 2, et art. 37 combinés de la même convention). . Fr. 3.080.668 » } 8.471.837 »
Loyer provisionnel du chemin de fer d'Anvers à Rotterdam pour les semestres au 1er avril et au 1er octobre 1886. (Convention internationale du 31 octobre 1879, approuvée par la loi du 29 avril 1880). . . . . 1.000.000 »
Intérêts à 4 0/0 sur le prix de rachat du chemin du chemin de fer de Virton. . . . . . 2.500 »

§ 3. Autres charges.

Rente annuelle à 3 0/0, à titre d'indemnités du chef de servitudes militaires 42.287 74
Minimum d'intérêt garanti par l'État. (Crédit non limitatif) . . . . 490.000 »
A. Frais relatifs au service des diverses dettes et annuités qui précèdent. (Payement des intérêts, amortissement, contrôle, confection et émission de titres, etc.). . . . 127.000 88
B. Frais de surveillance des compagnies de chemins de fer, etc., au point de vue de la garantie du minimum d'intérêt. . . . . 7.500 » } 134.500 88

86.543.803 77

de capital nominal. Intérêt 4 fr. par 100 fr. payables par moitié, les 1ᵉʳ février et 1ᵉʳ août. Les conditions établies pour l'amortissement de la dette 4 0/0 1871, sont applicables à cet emprunt.

Ces emprunts en 4 0/0 ci-dessus indiqués sont ceux qui ont été convertis en 3 1/2 0/0 au pair. Les rentiers à 4 0/0 qui n'accepteront pas la nouvelle rente seront remboursés au pair.

Une dotation de 0,20 0/0 est appliquée au nouveau fonds 3 1/2 0/0 pour l'amortissement.

L'emprunt 3 0/0 1873 de 248 millions de capital nominal, autorisé par la loi du 29 avril 1873, a été limité à 230 millions par arrêté royal du même jour. Sur ce capital, 65 millions ont été émis en souscription publique à Bruxelles, le 12 mai 1873, à 81 francs. Cet emprunt est représenté par des obligations au porteur, entièrement libérées, de 100, 200, 500, 1.000, 2.000, 5.000 et 10.000, francs de capital nominal, produisant un intérêt annuel de 3 0/0, (soit 3, 6, 15, 30, 60, 150, et 300 fr.) payable par moitié les 1ᵉʳ mai et 1ᵉʳ novembre.

Une dotation annuelle de 0 fr. 20 pour 100 fr. de capital nominal est consacrée, à partir du 1ᵉʳ mai 1876, à l'amortissement de l'emprunt, par voie de rachats à la Bourse, au cour du jour. Toutefois, l'amortissement est facultatif lorsque les rachats ne peuvent se faire à 90 0/0 et au-dessous.

XVII

ROYAUME D'ESPAGNE

Nous devons à l'obligeance de S. Ex. le général de division Ybanez, directeur général de l'Institut géographique et statistique de Madrid, la majeure partie des renseignements qui vont suivre sur la dette publique du royaume d'Espagne. Qu'il nous permette de lui renouveler ici l'expression de nos remerciements.

En Espagne, c'est le 1ᵉʳ juillet que les exercices financiers commencent. Tous les chiffres que nous indiquerons ci-après s'arrêteront donc au 1ᵉʳ juillet et non au 31 décembre, comme pour la plupart des autres pays. A la date du 1ᵉʳ juillet 1885, le capital nominal de la dette publique était de 6 milliards 42 millions 528,000 fr.

Les intérêts annuels s'élèvent à 238 millions 516.000 fr., et l'amortissement à 35 millions 528.000 fr.

Les titres de rentes ont été émis en 5 0/0, 4 0/0, 2 1/2 0/0. 2 0/0. En voici le détail :

En rentes 5 0/0............	Francs	3.000.000
» 4 0/0............	»	5.894.997.000
» 2 1/2............	»	2.238.000
» 2 0/0............	»	75.320.000
Divers...................	»	66.973.000

La quantité de rentes espagnoles appartenant aux Espagnols est approximativement de 4 milliards 800 millions (capital nominal) ; les étrangers posséderaient 1.200 millions, sur lesquels 400 millions seraient répartis dans les portefeuilles des capitalistes français. Presque toute la dette extérieure Espagnole, dont le montant nominal dépasse 2 milliards, se trouve à l'étranger ; les intérêts de cette dette sont payés par les soins de la Commission des Finances d'Espagne, établie à Londres et à Paris.

Le 1er juillet 1868, le capital de la dette publique était de 4 milliards 742 millions ; les intérêts annuels s'élevaient à 157 millions ; l'amortissement réclamait 11 millions. Depuis cette époque jusqu'au 1er juillet 1885, le capital de la dette publique a augmenté de 1 milliard 300 millions 528.000 fr. ; les intérêts de la dette se sont accrus de 81 millions, et l'amortissement de 24 millions 653.000 francs.

En outre des ressources générales du budget, plusieurs emprunts ont reçu des gages spéciaux. Le plus important est celui du 4 0/0 amortissable, garanti par la perception des contributions directes dont le recouvrement est confié à la Banque d'Espagne. Cette Banque est également chargée de payer les coupons et d'effectuer l'amortissement de la rente 4 0/0 amortissable.

Les recettes et les dépenses de l'exercice 1885-1886 se sont soldées par un déficit de 42 millions 118.156 fr. Les chiffres définitifs de ce budget, publiés dans la *Gazette de Madrid* du 14 septembre dernier, sont les suivants :

RECETTES

	Francs.
Contributions.......................	231.064.555
Impôts..............................	121.969.765
Douanes.............................	147.176.352
Revenus affermés....................	249.226.148
A reporter.....	749.433.820

	Report.....	749.433.820
Domaine {	Revenus................	13.009.492
	Aliénations..............	8.957.410
Trésorerie.		44.522.380
	Total....	815.923.102

DÉPENSES

Maison royale.........	9.499.100
Pouvoirs législatifs..................	1.098.285
Dette publique	250.047.870
Engagements divers..................	2 669.534
Pensions...........................	50.115.563
Présidence du Conseil des Ministres...	1.080.534
Ministère d'État.....................	1.672.949
Ministère de Grâce } Justice.........	12.418.495
et de Justice.... } Cultes..........	41.690.064
Ministère de la Guerre...............	151.502 730
— de la Marine...............	39.147.147
— de l Intérieur	33.107.329
— du *Fomento*................	80.593.726
— des Finances................	23.768.031
Frais de perception	158.218.835
Colonie de Fernando-Pô.............	560.066
Total......	858.041.258

Les dépenses ayant été de 858.041.258 francs et les recettes
de 815.323.102, le déficit est de 42 millions 118.156 francs (1).

(1) La *Gaceta* (14 novembre) nous fournit les renseignements suivants sur
la situation budgétaire fin octobre 1886.

Exercice 1885-86, budget ordinaire........ Recettes. fr.		822.729 899
» » » .... Dépenses ...		891.023.736
Exercice 1886-87, 4 mois, budget ordinaire. Recettes....		217.404.246
» » » » . Dépenses...		183.803.121
» » » exercices clos.... Recettes....		8.665.755
» » » » . Dépenses...		10.366.847
Les 2 exercices, écart net en faveur des dépenses......	+	36.393.804
Mois d'octobre, recettes totales......................		57.186.659
» différence sur octobre 1885.............	—	1 325.614
» exercices clos		1 099.788
» » différence sur 1885	+	1.074 833
Exercice 1885-86, 16 mois, recettes		839.176 919
Différences sur 1884-85 »	+	18.035.293
Exercice 1886-87, 4 mois, recettes totales...............		226.070.000
Différence sur 1885-86 »	+	26.822.258

Il est incontestable que, dans ces dernières années, la situation économique et financière de l'Espagne s'est beaucoup améliorée ; les relations commerciales de ce pays se sont étendues ; d'importants travaux d'utilité publique ont été accomplis. D'autre part, les capitalistes étrangers, surtout les Français, se sont intéressés largement aux affaires financières et commerciales de l'Espagne, et les plus grandes sociétés de crédit, la Banque de Paris notamment, n'ont pas ménagé leur concours et leur appui au relèvement du crédit de la péninsule. Ces heureux résultats sont dus, pour beaucoup, aux modifications profondes qui sont survenues dans l'esprit politique du pays. La stabilité des institutions gouvernementales a puissamment contribué à la restauration des finances.

Pour que la situation financière soit tout à fait hors de conteste, il est nécessaire que l'Espagne soit très économe de ses ressources et procède, avec beaucoup de sagesse, aux réformes qui sont utiles. Il ne faut pas perdre de vue, en effet, que la dette publique, les pensions, les frais de perception, les dépenses de la guerre et de la marine, absorbent annuellement plus de 648 millions sur 815 millions de recettes budgétaires. La dette publique et les frais de perception absorbent, à eux seuls, 50 0/0 des recettes du pays.

Les titres de rente Espagnole cotés à la Bourse de Paris se divisent en :

1° Dette Intérieure et Extérieure 4 0/0 perpétuelle ;

2° Dette Extérieure 2 0/0 amortissable.

La dette Intérieure 4 0/0 diffère de la Dette Extérieure 4 0/0 et 2 0/0 en ce point que, ses coupons n'étant payables qu'à Madrid, le paiement s'en fait à Paris, au change du jour sur Madrid, en un mandat à trente jours de vue sur Madrid, délivré par les soins de la commission des finances d'Espagne, à Paris, et sur présentation des titres, tandis que les coupons de la Dette Extérieure sont payés à Paris par la dite Commission des Finances, au change fixe de 5 fr. 40 la piastre.

La *Dette* 4 0/0 *perpétuelle Intérieure* provient de la conversion de la Dette 3 0/0 consolidée intérieure et des obligations de l'État pour chemins de fer. Cette rente porte, à partir du 1er juillet 1882, un intérêt annuel de 4 0/0 payable par trimestre, les 1er janvier, 1er avril, 1er juillet, 1er octobre.

Les titres ont été admis à la cote, au comptant et à terme, le 1er août 1882. Les calculs se font au change fixe de 1 fr. la peseta.

Etant donné le cours de 67, le prix d'une coupure de 20 pesetas de rente ressort à 335 fr.

$$\text{soit}: 67 \times 5 = 335 \text{ fr.}$$

La *Dette* 4 0/0 *perpétuelle Extérieure* provient également de la
conversion édictée par la loi du 29 mai 1882.

Elle est représentée par des titres entièrement libérés et au
porteur de 1.000, 2.000, 4.000, 6.000, 12.000, 24.000 pesetas de
capital ou 40 fr., 80 fr., 160 fr., 240 fr., 480 fr., 960 fr. de rente
annuelle.

L'intérêt annuel est de 4 0/0, soit 40 pesetas ou 40 francs par
titre de 1.000 pesetas de capital, payables par trimestre les
1er janvier, 1er avril, 1er juillet, 1er octobre. Les coupons se paient
à Madrid, à Londres et à Paris. Les titres ont été admis à la cote
le 1er août 1882. Les cours se cotent en rente et en francs. Les
calculs se font au change fixe de 1 fr. la peseta.

Etant donné le cours de 67 fr., le prix d'une coupure de 40 pesetas de rente ressort à 670 fr.

$$\text{Soit } \frac{67 \times 40}{4} = 670 \text{ fr.}$$

La *Dette Extérieure amortissable* 2 0/0, cotée à la Bourse de
Paris depuis le 8 août 1877, donne un intérêt annuel de 2 0/0,
soit 4 piastres fortes par titre de 200 piastres de capital, payables
par moitié les 30 juin et 31 décembre. Ces titres devront être
totalement amortis d'ici le 31 décembre 1891, à raison de 50 0/0
de leur valeur nominale, par tirages au sort semestriels ayant
lieu en juin et en décembre, pour le remboursement des titres
sortis s'effectuer les 1er janvier et 1er juillet suivants. Le paiement
des coupons et le remboursement des titres sortis aux tirages
s'effectuent à Madrid, à Londres, et à Paris, à la Commission
des finances d'Espagne, au change fixe de 5 fr. 40 la piastre.
Etant donné le cours de 50, le prix de 4 piastres de rente, soit
21 fr. 60, ressort à 540.

$$\text{Soit } \frac{50 \times 4}{2} \times 5.40 = 540 \text{ francs.}$$

On trouve également à la cote officielle de la Bourse de Paris,
les *obligations du Trésor de l'Ile de Cuba*, 6 0/0 1878, faisant partie
d'un emprunt de 25 millions de piastres fortes ou 125 millions
de francs, autorisé par la loi du 25 juin 1878. Ces titres rappor-

tent 30 fr. par an, payables trimestriellement en octobre, janvier, avril, juillet, et sont remboursables à 500 fr. en 15 années de 1878 à 1893. Sur les 250.000 obligations émises, 100.775 étaient amorties le 1ᵉʳ janvier 1886. Ces titres font partie de la conversion qui est actuellement en cours. Ils se négocient à 495 fr.

Enfin, depuis le 24 juillet 1886, la Chambre syndicale des agents de change a admis à la cote officielle, au comptant et à terme, 340.000 *Billets hypothécaires de l'Ile de Cuba*, émission de 1886. Ces 340.000 billets font partie des 1.240.000 billets, représentant un capital de 620 millions, dont la création a été autorisée en vertu des lois des 25 juillet 1884 et 13 juillet 1885, et par décret royal du 10 mai 1886. Ils ont été créés pour le remboursement de la dette flottante et la conversion des titres actuellement existants de Cuba. Cet emprunt a pour garantie le produit des Douanes du Timbre et des Contributions directes et indirectes de Cuba; il jouit, en outre, de la garantie la nation espagnole. (Décret royal du 10 mai 1886.) Ces billets rapportent 30 fr. par an, payables par trimestre, les 1ᵉʳ janvier, 1ᵉʳ avril, 1ᵉʳ juillet, 1ᵉʳ octobre, à Paris, Londres et Madrid; ils sont remboursables à 500 fr. en 50 années. L'émission a été faite par la Banque de Paris et des Pays-Bas le 25 mai 1886, à 422 fr., jouissance du 1ᵉʳ juin 1886, payables en 4 termes. L'obligation entièrement libérée à la répartition, ressortissait à 419 fr. 50. Ces titres se négociaient à 467 fr. 50 fin décembre 1886.

XVIII

PORTUGAL

A la date du 1ᵉʳ juillet 1886, le capital émis de la dette Portugaise s'élevait à 612.108 contos de reis (nombres ronds), soit en francs 3 milliards 427 millions 804.800 francs (1).

Ce chiffre se décompose ainsi qu'il suit :

Titres de rente 3 0/0 perpétuelle intérieure......		252.098
dᵒ	dᵒ extérieure.....	311.753
dᵒ	5 et 6 0/0 amortissable..........	48.257
	Total.....	612.108

(1) Milreis = 5 fr. 60.
1 conto de reis = 5.600 fr.

contos de reis, sur lesquels il a été amorti :

En rente 3 0/0 intérieure..........	10.709 contos	
» 3 0/0 extérieure...........	73.573	»
» 6 0/0 »	16.856	»
Total du capital amorti..	101.138 contos	

Déduction faites des amortissements opérés, le capital nominal de la dette publique Portugaise s'élève donc à 510.970 contos de reis, soit 2 milliards 861 millions 432.000 francs.

Le service de la dette publique réclame pour l'année financière courante, comme intérêts et amortissement :

Pour les rentes 3 0/0...........	14.387 contos	
» » 5 0/0...........	1.568	»
Soit un total de................	15.955 contos	

Ce qui représente, en francs, 89 millions 318.000 fr.

Ces charges forment 48 à 49 0/0 du montant des recettes publiques.

La plus grande partie des emprunts Portugais a été émise et se trouve dans la clientèle des capitalistes français : les principales maisons de banque et sociétés de crédit, notamment le Comptoir d'Escompte de Paris, la Société de Dépôts et Comptes courants, ont donné leur concours aux opérations financières de ce pays.

Dans ces dernières années, la situation du Trésor s'est améliorée : de 1870 à 1884, les recettes ont augmenté de 71,5 0/0.

En 1870-1871, elles s'élevaient à 18.155 contos de reis, et, en 1884-1885, à 31.158 contos. L'augmentation a donc été de 13.003 contos de reis, soit 72 millions 816.800 francs.

En 1870-1871, les dépenses étaient de 25.600 contos, elles étaient de 32.742 contos en 1884-1885. Dans cette période les dépenses se sont donc accrues de 7.142 contos de reis, soit 39 millions 995.000 fr.

Tandis que les recettes ont progressé de 71,5 0/0, les dépenses ont augmenté seulement de 58 0/0. Le service de la dette publique qui, ainsi qu'on l'a vu plus haut, absorbe 48 à 49 0/0 des recettes, réclamait, en 1870-1871, 57 0)0 des mêmes recettes.

Il convient de faire remarquer que le capital emprunté par le gouvernement Portugais depuis 1871 a été appliqué à la construction de chemins de fer, routes, postes, télégraphes, etc., ainsi qu'au développement et à l'amélioration des colonies. Tous les progrès accomplis n'ont pu être obtenus qu'en augmentant les charges de la dette, mais le Portugal ressent déjà les heureux effets de ces dépenses productives. Les recettes du Trésor augmentent progressivement et la conséquence naturelle est la diminution du déficit annuel. En cinq ans, le déficit a diminué de 4,332 contos de reis.

Le 16 janvier 1886, le ministre des finances soumettait à la Chambre des députés portugaise le budget ordinaire de l'exercice 1886-1887 (1er juillet 1886 — 30 juin 1887).

Les prévisions de recettes et dépenses ont été établies de la manière suivante :

RECETTES	MILREIS
Impôts directs	6.253.000
Timbre et enregistrement	3.341.000
Impôts indirects	16.884.000
Impôt additionnel de 6 0/0	1.087.000
Biens nationaux et revenus divers	3.616.000
Compensation de dépenses	1.090.000
Total des recettes	32.271.000

DÉPENSES	
Junte de la Dette publique	14.437.000
Ministère des Finances { charges générales	3.781.000
service du ministère	2.558.000
Ministère de l'Intérieur	2.268.000
» de la Justice	707.000
» » Guerre	4.891.000
» » Marine et Colonies	2.022.000
» des Affaires Étrangères	349.000
» » Travaux publics	2.967.000
Dépôts et Caisses d'Epargne	39.000
Total des dépenses	34.019.000
Total des recettes	32.271.000
Excédent de dépenses	1.748.000

Ce déficit était inférieur à celui de l'exercice précédent, et il est probable que le budget prochain se présentera sans déficit ordinaire.

Les charges nécessitées par des dépenses extraordinaires exigées par de grands travaux publics, seront couvertes par des recettes extraordinaires que le gouvernement doit demander aux Cortès.

Depuis 1870, le Gouvernement Portugais a émis des emprunts sous forme de rentes 3 0/0, 5 0/0 et 6 0/0 amortissable.

En voici le relevé :

Années.	En 3 0/0 Contos de reis.	En 5 0/0 Contos de reis.	En 6 0/0 Contos de reis.
—	—	—	—
1873	38.000	»	2.034
1874	»	»	1.755
1875	»	»	{ 1.767 2.097
1876	»	»	3.724
1877	18.000	1.378	3.558
1878	11.250	»	1.832
1880	39.150	»	»
1881	8.460	{ 16.343 2.441 1.986	» » »
1884	37.710	»	»

L'emprunt 5 0/0 de 1877 a été destiné aux colonies ; les emprunts 5 0/0 de 1881 ont été appliqués à la construction du chemin de fer du Minho et du Douro.

Nous devons la plus grande partie des renseignements qui précèdent à l'obligeance de notre savant collègue de la *Société de Statistique de Paris*, M. le lieutenant-colonel Gérardo Péry, directeur adjoint des travaux géodésiques et statistiques du royaume de Portugal. Nous lui renouvelons ici tous nos remerciements.

XIX

ANGLETERRE

L'année budgétaire anglaise commence au 1er avril. Les comptes de la dette, comme le budget tout entier, sont donc arrêtés au 31 mars de chaque année.

Au 31 mars 1885, la dette consolidée du Royaume-Uni de

Grande-Bretagne et d'Irlande se composait ainsi, en capital nominal :

Rentes 3 0/0 consolidées	Liv. st.	329.896.855
» 3 0/0 nouveau	»	180 053.130
» 3 0/0 réduit	»	77.151.474
» 3 1/2 0/0 nouveau	»	225.746
» 2 3/4 0/0	»	4.647.799
» 2 1/2 0/0	»	33.228.820
Dette 3 0/0 à la Banque d'Angleterre (capital de la Banque d'Angleterre)		13.645.869
Total de la dette consolidée.	Liv. st.	638.849.693

La dette non consolidée et la dette flottante s'élevaient au total à 105.566.215 livres sterling.

Elles comprennent :

Des annuités terminables,'dont la valeur, en capital, calculée sur le pied de 3 0/0 l'an représentait.	Liv. st.	85.829.917
Des bons de l'Echiquier, pour		5.162.800
D° du Trésor		8.681.000
Un emprunt pour la colonie du Cap		400.000
Obligations de l'Echiquier en représentation d'actions du Canal de Suez		3.359.000
Déficit des caisses d'épargne (annuités cessant en 1908)		2.133.498
Total	Liv. st.	105.566.215

Il faut en déduire 27.769.954 liv. st. de prêts à recouvrer sur les communes, etc., et 3.532.040 liv. st., valeur des actions du Canal de Suez.

Reste au chapitre de la dette non consolidée	Liv. st.	74.254.221
Le total général de la dette consolidée et non consolidée est de	Liv. st.	713.113.914

soit environ 17 milliards 829 millions de francs.

Un tableau de la dette nationale totale, consolidée ou flottante, comprenant la valeur calculée en 3 0/0 des annuités terminables à échéances fixes, tableau publié dernièrement sous forme de *Blue Book* communiqué au Parlement, montre que du 1er avril 1857 au 1er avril 1885, c'est-à-dire en vingt-huit ans, le chiffre de la dette totale a été réduit de 831.532.000 livres sterling à 740.330.000 liv. st. : c'est une diminution de 91 millions sterling, ou près de 2 milliards 275 millions de francs, soit environ 11 0/0.

La plus grande partie de cette réduction a été réalisée depuis 1870. Du 1er avril 1870 au 1er avril 1885, la dette anglaise a diminué de plus de 54 millions sterling (1 milliard 350 millions de francs) — de 794.909.000 liv. st. à 740.330.000 — soit 6,79 0/0.

Voici, d'après ce document parlementaire, les chiffres, année par année, tels qu'ils ressortent, toutes défalcations ou augmentations faites, à la fin de chaque exercice financier :

Dette nationale consolidée ou flottante et y compris la valeur capitalisée à 3 0/0 des annuités à échéance fixe :

Années.	Liv. st.	Années	Liv. st.
1857-58.......	831.532.535	1871-72.......	785.925.831
1858-59.......	828.963.588	1872-73.......	777.222.110
1859-60....,...	823.153.815	1873-74.......	772.934.938
1860-61.......	822.201.900	1874-75.......	768.915.757
1861-62.......	821.646.511	1875-76.......	770.906.683
1862-63.......	821.992.158	1876-77.......	770.014.723
1863-64.......	818.184.610	1877-78.......	772.151.726
1864-65.......	813.787.695	1878-79.......	772.965.062
1865-66.......	804.524.317	1879-80.......	771.605.908
1866-67.......	802.210.413	1880-81.......	766.144.461
1867-68.......	799.839.663	1881-82.......	760.688.122
1868-69.......	799.786.247	1882-83.......	754.455.270
1869-70..	794.909.811	1883-84.......,	746.423.964
1870-71.......	789.184.466	1884-85.......	740.330.654

Le capital des rentes créées pour divers objets spéciaux, tels que l'organisation des télégraphes par l'Etat et autres, s'élève à 10.948.172 liv. sterling, soit environ 274 millions de francs.

La dette anglaise tout entière est garantie par l'ensemble des revenus de l'Etat. Elle est payée sur le « fonds consolidé » (*Consolidated Fund*), expression qui désigne les taxes générales et permanentes, ce qu'on appellerait en France le budget ordinaire.

Une somme annuelle et permanente est inscrite à la charge du « *fonds consolidé* », pour le service de la dette totale. Diverses lois, dont la dernière est de 1884, ont fixé cette somme au chiffre de 28.036.917 liv. st. Jusqu'à ce qu'une loi nouvelle modifie ce chiffre, cette somme est prélevée sur les ressources ordinaires et mise à la disposition du chancelier de l'Echiquier ou ministre des finances. Sur cette somme sont prélevés l'intérêt et les frais d'administration de la dette ; le surplus est affecté à l'amortissement de la dette, qui se fait généralement par rachat des rentes sur le marché et conversion de ces rentes en annuités terminables, qui s'éteignent successivement d'année en année

Outre cet amortissement, désigné sous le nom de « nouveau fonds d'amortissement » (*New sinking Fund*), il y a le fonds d'amortissement doté, selon la fortune des budgets, par les excédents éventuels des recettes sur les dépenses d'un exercice : c'est l'ancien fonds d'amortissement (*Old sinking Fund*). Plusieurs autres fonds spéciaux ont été créés à diverses dates, à propos d'émissions diverses. Pour l'exercice courant, ces derniers fonds spéciaux produisent 613,000 livres.

Les sommes qui ont été consacrées à l'amortissement, dans l'exercice 1884-1885, se sont élevées en tout (amortissement nouveau, amortissement ancien par excédents budgétaires, amortissements spéciaux) à 7 millions de livres sterling environ (175 millions de francs).

Les rentes anglaises consolidées sont répandues en Angleterre, dans les colonies anglaises et, on peut dire, dans le monde entier ; mais la quantité possédée par des étrangers est proportionnellement peu considérable. Il est impossible de la déterminer approximativement, aucun classement des inscriptions n'étant fait par pays ou nationalité.

La Banque d'Angleterre est seule chargée du service de la dette consolidée. Toutes les rentes sont inscrites nominativement sur les livres de la Banque et les négociations se font au moyen de formalités de transfert exigées par la Banque.

Il est à remarquer que la Banque d'Angleterre fait le service de la dette sans frais pour le gouvernement comme pour les particuliers.

La Banque délivre, à ceux qui en font la demande, des certificats au porteur, en représentation de la rente inscrite. Ces certificats, munis de coupons pour dix ans, sont divisés en coupures de 20, 50, 100, 200, 500, 1.000 livres sterling de capital nominal.

La dette flottante, — bons du trésor, de l'Echiquier, etc., — est en presque totalité entre les mains de la Banque d'Angleterre et de quelques grandes banques. Les annuités terminables restent en grande partie entre les mains des commissaires de la dette, chargés de l'amortissement. Elles sont aussi dans le portefeuille des sociétés d'assurances, des caisses d'épargne, etc.

La dette anglaise n'a fait que diminuer, depuis 1857, sauf deux ou trois années exceptionnelles qui ont vu une augmentation de 1 à 2 ou 3 millions, dans la dette flottante (1). Les besoins extraordinaires ont généralement été couverts au moyen de la dette non consolidée, et il n'a été créé de rentes nouvelles que par suite et sous forme de conversion, en 1885. On sait que la conversion facultative du 3 0/0 en types inférieurs de rentes, 2 3/4 et 2 1/2 0/0, a été à peu près non avenue. Cette opération n'a donné que 4.647.799 liv. st. (capital nominal) de rentes 2 3/4 0/0, et 19 millions environ de rentes 2 1/2 0/0, dont le type existait depuis 1853.

La rente 3 0/0 consolidée ne diffère des autres rentes 3 0/0 anglaises que sous le rapport historique. Emise pour la première fois en 1751, et grossie par des emprunts successifs depuis, elle offre cette particularité que son type et le taux de son intérêt ont toujours été invariables, et qu'elle ne provient pas de la conversion ou de la fusion d'autres emprunts.

Les fonds anglais qui sont cotés à la Bourse de Paris sont le 3 0/0 consolidé et le 2 1/2 0/0.

Les certificats au porteur sont seuls admis aux négociations de la Bourse de Paris. Les calculs se font au change fixe de 25 fr. 20 par livre sterling.

Le 3 0/0 *consolidé* est admis à la cote, au comptant et à terme, depuis le 4 avril 1883.

Les certificats au porteur, blancs, libellés en Anglais, portent l'indication du chiffre de la coupure et la date à laquelle chacun

---

(1) Dans la séance du 14 septembre 1886, le chancelier de l'Echiquier a annoncé à la Chambre des communes la nomination d'une commission royale, chargée de faire une enquête s'étendant à tous les départements ministériels, pour y rechercher les économies qu'il serait possible de faire.
Comme preuve de la nécessité de cette enquête, lord R. Churchill a montré la progression des dépenses de l'Etat par les chiffres suivants :
Le budget de la guerre et de la marine, qui était, pour l'exercice 1847-48, de 17.155.000 livres sterling, s'est élevé, en 1886-87, à 31.226.000 livres sterling; le budget des services civils et de la dette consolidée s'est élevé de 6.161.000 livres sterling en 1848, à liv. st. 19 772.000 en 1886-87; les frais de perception, des revenus, qui étaient, en 1848, de liv. st. 3.963.000, se sont élevés, en 1886-87, à liv. st. 10.554.000. Les dépenses de ces trois départements se sont élevées, en quarante ans, de liv. st. 27.382.000 à liv. st. 61.551.000.

d'eux a été émis. Ils ont 20 coupons semestriels. Ils ne sont sujets, en Angleterre, à aucun droit de timbre ou de transfert.

Le 2 1/2 0/0 *consolidé* a été admis à la cote au comptant le 17 novembre 1882. Les certificats sont verts, libellés en anglais, et portent des dates différentes suivant l'époque à laquelle ils ont été émis. Ils sont munis de 40 coupons trimestriels.

. L'intérêt du 3 0/0 consolidé se paye deux fois par an, aux 5 janvier et 5 juillet.

L'intérêt du 3 0/0 réduit et du 3 0/0 nouveau se paye également trimestriellement, aux 5 avril et 5 octobre.

Le 2 1/2 et le 2 3/4 0/0 payent leur intérêt par trimestre.

Le cours des consolidés anglais 3 0/0 à la Bourse de Paris est fin décembre 1886 de 102 1/2.

Etant donné ce cours, le prix d'une coupure de 100 £ de capital, soit 75 fr. 60 de rente, ressort à 2.583 fr.

Soit : 102 1/2 × 25 20 = 2.583 fr.

Le cours des consolidés anglais 2 1/2 0/0, à la Bourse de Paris, est de 88 fr. Les négociations se calculent, comme pour le 3 0/0 consolidé, au change fixe de 25,20 la livre sterling.

Étant donné le cours de 88, le prix d'une coupure de 100 £ de capital, soit 63 fr. de rente, ressort à 2.217 fr. 60.

Soit : 88 × 25,20 = 2.217 fr. 60.

XX

SUISSE

Les dettes de la Confédération helvétique ont été unifiées en 1880, par une ordonnance fédérale du 9 janvier de cette année, prise en conformité d'un message du Conseil fédéral du 12 novembre 1879.

Ces dettes se composaient alors de trois emprunts :

Le premier contracté en 1867, du montant nominal de 12.000.000 fr. à 4 1/2 0/0, amortissable par annuités croissantes en 25 ans ;

Le second, contracté en février 1871, pour les frais de la neutralité pendant la guerre franco-allemande, pour 15 millions 600.000 fr. à 4 1/2 0/0, remboursable au 31 août 1886 ;

Le troisième, autorisé par arrêté fédéral du 23 juin 1877, pour 6.000.000 fr., dont 2 millions en bons du Trésor à 4 0/0 à un an, et 4 millions en obligations à 4 1/2 0/0, à trois ans.

Ces trois emprunts représentaient à l'origine une somme de 33.600.000 fr., réduite, par l'amortissement et les remboursements de bons du Trésor, à environ 29 millions lors de l'arrêté de conversion. A cette somme s'ajoutaient 6 millions 500.000 fr. de subventions fédérales au chemin de fer du Saint-Gothard.

Le montant de l'emprunt de conversion a été fixé à 35 millions de francs, à 4 0/0 d'intérêt, avec amortissement en 35 ans. L'émission a été faite par souscription publique, un syndicat de banquiers en ayant garanti le succès moyennant une com, mission de 100.000 fr. Le cours d'émission a été de 99 1/2 0/0, avec 1/4 0/0 de commission pour les bureaux de souscription. Les porteurs des emprunts précédents ont présenté pour 16 1/2 millions de titres 4 1/2 0/0 à la conversion en 4 0/0 ; le reste a été remboursé au pair.

Depuis le 1er janvier 1880, l'amortissement de cette dette 4 0/0 a fonctionné par annuités croissantes. Le capital nominal de la dette, après 6 annuités, était réduit, au 1er janvier 1886, à 32.426.000 fr; soit une diminution de 2.574.000 francs.

La dette actuelle doit être éteinte, par l'amortissement, en 1915.

Le service de la dette a figuré au budget de 1886 pour 1.867.864 fr., dont 1.289.864 fr., pour l'intérêt et les frais, et 578.000 fr. pour l'amortissement. C'est une somme à peu près fixe, établie par la loi qui a créé l'emprunt de conversion.

L'emprunt fédéral 4 0/0 est presque tout entier possédé en Suisse même. Lors de l'émission, les souscriptions venues de France et d'Allemagne formaient ensemble un chiffre de 2.200.000 fr., qui a été réduit d'un tiers au moins à la répartition.

Du reste, dans le message proposant la loi de conversion à l'assemblée fédérale, il était dit que le type d'obligations 4 0/0 avait été choisi de préférence au 3 0/0, qui aurait été émis avec avantage en France, parce qu'il était désirable que les obligations fédérales fussent placées surtout dans le pays et y restassent.

Les obligations de l'emprunt 4 0/0 sont en titres de 500 francs, de 1.000 fr., de 5.000 fr. et de 10.000 fr. de capital nominal. Elles sont au porteur, mais celles de 5.000 et de 10.000 fr. peuvent être nominatives.

Le budget de la Confédération s'est élevé, pour l'année 1885, à 45.882.000 pour les recettes, à 45.740.000 fr. pour les dépenses.

Les dépenses militaires figurent dans ce dernier chiffre pour 17.513.030 fr.

Depuis 1870, la dette s'est accrue du montant de deux emprunts, de 21.600.000 fr. Le service de la dette qui, prend depuis la conversion, en chiffres ronds, 1.875.000 fr., ne figurait au budget de 1870 que pour 902.000 fr.

La dette fédérale n'a pas de gages spéciaux ; elle est garantie par l'ensemble des revenus et du crédit de la Confédération.

L'emprunt fédéral suisse n'est pas coté à la Bourse de Paris.

XXI

SERBIE

La dette publique de la Serbie, créée tout entière depuis dix ans, s'élevait au 1er-13 juin 1886, au total de 224 millions 203.010 dinars (le dinar serbe = 1 franc), d'après le rapport de la commission du budget.

D'après le même document, ce total était ainsi composé :

EMPRUNTS	Montant en circulation	Service int. et amort.
Emprunt russe................... Fr.	5.189.010	348.887
» des chemins de fer Belgrade-Vranja à 5 0/0...............	87.410.000	5.400.000
» chemins de fer de Nisch à Pirot à 5 0/0........................	20.856.000	1.555.425
» 3 0/0 à lots..................	32.580.000	1.650.000
Rente amortissable 5 0/0...............	40.143.500	1.950.000
Rente tabacs 5 0/0.....................	39.902.500	2.195.000
Emprunt pour achat de fusils payable sur les annuités de la régie des sels.......	5.122.000	220.513
Emprunt agraire pour dédommager les propriétaires turcs émigrés......... ..	4.000.000	450.000
Totaux.......... Fr.	244.203.010	13.769.825

La dette flottante s'élevait, à la même date, à 20 millions de francs environ, ou du moins elle était évaluée à ce chiffre par le rapport de la commission, tandis que l'opposition l'évaluait à un total bien plus élevé. Sur le chiffre officiel, 4,895,000 fr. sont représentés par des Bons du Trésor ; le reste a été emprunté à la Banque nationale, à la Caisse des dépôts, à l'administration des emprunts, etc.

On ne doit pas être bien loin de la vérité, en estimant à 300 millions en chiffres ronds la dette actuelle, inscrite et flottante, contractée en moins de dix ans par ce pays de 2 millions d'habitants.

Le budget de 1884-85 s'élevait à 46 millions, en recettes et dépenses.

Les obligations hypothécaires des chemins de fer, à 5 0/0, sont au nombre de 180.000 : elles ont été émises en titres de 500 fr. au porteur, amortissables de 1882 à 1931, par tirages semestriels, libellés en langues française, serbe et allemande ; elles sont admises à la cote de la Bourse de Paris, au comptant et à terme, depuis le 5 septembre 1882. Les coupons d'intérêts sont payables au Comptoir d'Escompte de Paris.

Les emprunts hypothécaires des chemins de fer sont garantis en première ligne par le produit net des lignes ; l'emprunt des fusils est garanti par le produit de la régie du sel ; l'emprunt des tabacs, par celui de la régie des tabacs, l'emprunt agraire sur les annuités payées par les propriétaires des terres ; mais, comme garanties de seconde ligne viennent le produit des douanes, puis celui de l'impôt civil et des impôts qui le remplaceraient, et en général, l'ensemble des ressources du gouvernement serbe.

XXII

ROUMANIE

Le budget de prévision du royaume de Roumanie, pour l'exercice prochain 1887-88, du 1er avril 1887 au 31 mars 1888, se balance, en recettes et dépenses, par 138 millions 653.331 francs.

Sur ce budget total, le service de la dette publique figure à lui seul pour 59.277.675 fr., soit 42 pour cent.

Le total des emprunts émis par l'Etat de Roumanie, depuis sa fondation, s'élève à environ 810 millions, sur lesquels 81 millions ont été amortis, laissant le chiffre de la dette actuelle à 729 millions.

Sur ces 810 millions d'emprunts, 106 millions ont été émis avant 1870, et 704 millions postérieurement à cette époque.

La dette publique roumaine se composait comme suit, à la clôture du dernier budget définitif (celui de 1885-86), c'est-à-dire au 1ᵉʳ avril dernier :

Dates d'émis-sion	Emprunts	Montant nominal émis.	Restant à amortir.	Terme de l'amort.
1864	Emprunt Stern 7 0/0.....	22.889.437	460.000	1888
1866	» Oppenheim 8 0/0	31.610.500	7.854.500	1889
1868	Ch. de fer Suczava-Roman 7 1/2 0/0..............	51.535.640	51.366.765	1960
1872	Ch. de fer Jassy-Ungheny 8 0/0..................	3.770.215	Eteint.	1886
1872	Caisse des dépôts 3 1/2 0/0.	9.985.320	8.729.547	1912
1875	Rente perpétuelle 5 0/0..	44.600.000	36.963.500	s. t.
1877	Billets hypothécaires.....	26.260.000	25.895.000	s. t.
1880	Obl. des Chem. de fer de l'État 6 0/0............	237.500.000	233.840.000	1923
1880	Obl. rur. converties 6 0/0	31.600.000	30.413.600	1924
1881-86	Rente am. 5 0/0 (6ᵉ émis.).	301.525.000	294.435.000	1926
1881	Obl. de Chem. de fer 5 0/0.	47.948.000	38.410.000	1899
1882-83	Caisse des dépôts 4 0/0.	1.145.556	818.263	1895
	Totaux.....	810.369.668	729.186.175	

En dehors de la garantie. générale du total des ressources budgétaires, qui est acquise à l'ensemble des dettes roumaines et à chacune d'elles, le grand emprunt des chemins de fer de 1880 est garanti spécialement par une hypothèque sur les chemins de fer acquis par l'État, et que celui-ci s'est engagé à ne pas aliéner avant la fin de l'amortissement des obligations ; il jouit en outre d'une garantie spéciale sur le revenu net des tabacs.

Tous ces emprunts ont été émis par l'intermédiaire d'institutions de crédit et de maisons de banque à l'étranger, en Angleterre, en France, mais principalement en Allemagne. C'est le marché allemand qui a absorbé la plus grande partie des emprunts de chemins de fer 6 0/0 et des rentes 5 0/0, dont une fraction a trouvé place en France.

Dans le budget de 1887-1888, deux des emprunts énumérés ci-dessus ont disparu, ayant été complètement amortis. Ce sont

N. 5

l'emprunt Stern (anglais) et l'emprunt pour la construction du chemin de fer de Jassy-Unghény.

Les valeurs d'Etat roumaines cotées à la Bourse de Paris sont : l'emprunt en rente perpétuelle 5 0/0 de 1875, et l'emprunt de 1880 en obligations 6 0/0, pour le rachat du réseau de la Société des chemins de fer roumains.

L'*Emprunt* 5 0/0 *de* 1875, émis les 12 et 13 mai 1875 par la Société générale, au cours de 71 0/0, soit 357 fr. 50 par titre de 500 fr., pour 25 fr. de rente, a été admis à la cote, au comptant et à terme, en août de la même année. Les intérêts se paient à Londres, en Roumanie et à Paris, à la Société générale, les 1er avril et 1er octobre. Il est coté 92 1/2 0/0, soit 462 fr. 50 par 25 fr. de rente.

L'*Emprunt de* 1880 *en obligations* 6 0/0 est divisé en 475,000 obligations de 500 fr. ou 400 marcs au porteur, dont l'intérêt de 30 fr. est payable par moitié les 1er janvier et 1er juillet, en Roumanie, à Berlin et à Paris, à la Banque de Paris et des Pays-Bas. Elles ont été admises à la cote officielle, au comptant et à terme, le 15 septembre 1880.

Elles sont cotées par tant 0/0, par variations de 1/16 et multiples. Le dernier cours en décembre 1886 est de 107 0/0.

XXIII

GRÈCE

Le budget du royaume de Grèce, pour l'année 1886, a été fixé, par prévision, à 82,674,000 fr. de recettes et 88 millions 048,000 fr. de dépenses. Dans ces dernières, le service de la dette publique figure pour 33,062,000 fr., soit 37,50 0/0 de l'ensemble des dépenses budgétaires.

La dette publique actuelle de la Grèce s'élève, en capital nominal, à 348 millions de fr. Les emprunts de l'indépendance, à savoir : les emprunts de 1824 et 1825, réduits à 19.567.000 fr. par une convention passée en 1878 avec les porteurs anglais de titres, et l'emprunt de 1832, garanti par les trois puissances protectrices, la France, l'Angleterre et la Russie, représentent 39.567.000 fr. Il est dû, comme indemnité aux îles de Hydra, etc., 17.857.000 fr.; aux héritiers du roi Othon, 3 millions de fr.

Quant aux emprunts publics, il a été émis :

1862	Emprunt intérieur de		6	millions à	6 0/0
1867-68......	—	— de	25	—	9 0/0
1871.........	—	— de	4	—	8 0/0
1874.........	—	— de	26	—	6 0/0
1876.........	—	— de	10	—	6 0/0
1879.........	Emprunt extérieur de		60	—	6 0/0
1881........	—	— de	120	—	5 0/0
1884........	—	— de	170	—	5 0/0
1885.........	Emprunt	de	9	—	7 0/0

Le total de ces emprunts, figurant aujourd'hui au passif budgétaire de la Grèce, a été ramené par l'amortissement, et par le non placement d'une partie plus ou moins considérable des émissions décrétées, au chiffre de 348 millions, dont 78 millions datent d'emprunts antérieurs à 1870. L'augmentation de la dette grecque inscrite, intérieure et extérieure, a été de 270 millions depuis 1870.

Il faut ajouter aux 348 millions de dettes inscrites environ 80 millions de dette flottante, englobés sous la désignation d' « emprunts divers ».

Le papier-monnaie émis pour le compte de l'État, avec cours forcé, par les trois banques d'émission, la Banque Nationale, la Banque Ionienne et la Banque d'Epire et Thessalie, représente une autre dette flottante, sans intérêts, de près de 28 millions de francs.

Les emprunts extérieurs de la Grèce ont été contractés avec des établissements de crédit et des banquiers, et émis sur le marché par leur intermédiaire.

Les emprunts émis au dehors depuis 1870 ont tous une garantie spéciale qui leur est affectée sur certains revenus.

Les emprunts helléniques admis à la cote officielle de la Bourse de Paris sont l'emprunt extérieur de 1879, et les emprunts 5 0/0 de 1881 et de 1884.

L'emprunt de 60 millions de 1879, dit « *National Extérieur* 6 0/0, » a été émis sur le marché français par le Comptoir d'Escompte les 8 et 9 mai 1879, en 120,000 titres de 500 francs, au prix de 392 fr. 50, rapportant 30 fr., remboursables à 500 fr. en quarante ans. L'intérêt de 30 fr. est payable par trimestre, les 1er février, 1er mai, 1er août et 1er novembre. Le capital et les intérêts sont exempts d'impôt. Ces titres sont admis à la cote au comptant et à terme depuis le 21 juillet 1879. Ils sont cotés 370 francs.

L'*Emprunt* 5 0/0 de 1881, au capital de 120 millions, en titres de 500 fr. portant 25 fr. d'intérêts payables par moitié les 1er janvier et 1er juillet, émis à Paris à 375 fr. en juin 1882, par le Comptoir d'Escompte, est admis à la cote au comptant et à terme depuis le 27 septembre 1881. Les cours fin décembre 1886 sont de 305 fr.

L'*Emprunt* 5 0/0 de 1884, pour 170 millions de francs, en titres de 500 francs émis à 346 fr. 50, par le Comptoir d'Escompte et la Société Générale, semblables à ceux de l'emprunt de 1881, a été admis à la cote au comptant et à terme le 14 janvier 1885. Les cours sont de 300 francs.

A ces trois emprunts sont affectées des garanties diverses : l'impôt du timbre, celui des tabacs, des douanes, des divers ports principaux, etc.

D'après une note que l'honorable M. Spiridion Spiliotakis, ancien député, ancien directeur du bureau de l'économie politique au Ministère de l'intérieur à Athènes, a bien voulu nous adresser, le capital nominal de toutes les dettes contractées par la Grèce, depuis son indépendance, s'est élevé à 778 millions de francs. Le total des dépenses faites a monté jusqu'à près de 2 milliards. En déduisant le total des dettes publiques, il reste plus d'un milliard que le pays a dépensé en travaux productifs.

XXIV

TURQUIE

Par suite du consentement des créanciers de la Porte à la conversion de la dette ottomane en une dette consolidée et unifiée, l'iradé du Sultan de décembre 1881 avait décrété l'émission de nouveaux titres de dette au montant de 92.225.827 livres sterling. Il faut y ajouter le capital réduit, mais non convertible de l'emprunt des chemins de fer Rouméliens (lots Turcs) du montant de 14.211.407 livres sterling, ce qui donne un total de 106.437.234 livres sterling, au lieu de 190.997.980 livres sterling de la dette primitive.

Jusqu'à fin décembre 1885, il a été amorti 1.540.017 livres sterling. Il reste donc une dette de 104.897.217 livres sterling, soit en francs 2 milliards 622 millions 430.400 francs. Dans le budget de 1884, l'intérêt et l'amortissement de cette dette, y compris les frais de recouvrement des revenus affectés au paiement de la dette (25.167.591 piastres turques de 0,225 pour une recette spéciale nette de 200.818.728 piastres), sont évalués à 55,435,645 francs.

D'après le projet de budget pour l'année financière 1390 (du 13 mars 1883 au 13 mars 1884) les recettes sont évaluées à 1.631.300.000 piastres (le piastre = 0,225) soit en francs 367 millions 042.500 francs, et les dépenses à 1.622.301.600 piastres soit en francs 364 millions 962.860 francs.

Nous ferons remarquer que la Turquie n'a rendu publics qu'une seule fois, en 1880, ses projets de budget. On ne peut rien connaître de l'état officiel de ses finances publiques, et nous ne pouvons que reproduire, à titre de renseignement, les chiffres de son budget unique et éphémère. Les chiffres que nous venons de donner plus haut sont empruntés, en grande partie, à l'*Almanach de Gotha* et à l'étude de M. P. Boiteau dans le *Dictionnaire des finances*. Mais les évaluations sont bien différentes dans ces documents. M. Boiteau a évalué la dette nominale Turque à 2 milliards 328 millions 702.112 francs alors que l'*Almanach de Gotha* l'évalue à 2 milliards 622 millions. Les dépenses militaires de la Turquie sont évaluées à 200 millions, d'après le projet de budget de 1880-1881.

XXV

BULGARIE

La principauté de Bulgarie n'a pas encore émis d'emprunt en Europe. D'après le budget de 1885, la dette publique extérieure exige 2.105.004 leï par an, soit 2.105.004 francs (1 leï = 1 franc). Les recettes budgétaires s'élèvent à 34.899.900 fr. et les dépenses à 35.780.324 fr., soit un déficit de 880.424 fr. Le budget de la guerre réclame 11.675.161 fr., soit 33 0/0 des recettes totales et près de 6 fois plus que le montant de la dette publique.

XXVI

MONTÉNÉGRO

Il n'y a pas de publications officielles sur les finances du Monténégro ; on ne peut donc qu'évaluer approximativement la situation financière de la principauté. On sait que le Prince a une liste civile de 100.000 florins (250.000 fr.). Les recettes sont évaluées à 600.000 florins (1.500.000 fr.) et proviennent principalement des impôts fonciers et sur le bétail, du monopole du sel et des droits de douane (4 0/0 de la valeur de toutes les marchandises importées).

XXVII

FINLANDE

Nous sommes redevable de la plupart des renseignements qui suivent, à l'obligeance de M. Ignatius, directeur du Bureau de statistique de Finlande, a Helsingfors.

Le grand duché de Finlande, qui possède une constitution particulière et une administraction distincte de celle de l'empire russe, a une dette publique qui s'élevait, au 31 décembre 1885, à 65.887.813 marcs de Finlande (le marc de Finlande égale 1 franc).

Cette dette a été formée par les emprunts suivants :

Dette intérieure à 4 1/2 0/0 (1872-80)..............	8.871.600 fr.
Dette extérieure :	
Emprunt contracté en Russie....................	5.440.000 »
Emprunt fait à la maison Rothschild (4 1/2 0/0)...	11.728.901 »
Emprunt à primes, sans intérêt..................	5.630.637 »
Emprunt 1874 à 4 1/2 0/0 (Rothschild et Fils, de Francfort	18.289.380 »
Emprunt 1880, à 4 1/2 0/0 (Id.)...................	8.735.649 »
Emprunt 1883, à 4 0/0 (Id.).....................	9.909.467 »

En résumé, en tenant compte des sommes amorties depuis l'origine de ces divers emprunts, la dette finlandaise se répartit ainsi :

En 4 1/2 0/0.................................... 45.734.685 fr.

En 4 0/0... 14.855.820 »

En billets à primes, sans intérêts................. 5.297.308 »

Total...... 65.887.813 fr.

Le service de cette dette a absorbé, en 1885, la somme totale de 5.965.796 fr., dont 4.403.000 fr. d'intérêts et 1.562.790 fr. d'amortissement.

Le budget du grand duché de Finlande a été établi comme suit, pour l'année 1885 :

Les recettes sont portées à 47.024.721 fr., dont 9.324.775 fr. proviennent du reliquat laissé par l'année précédente. Les domaines de l'Etat figurent aux recettes pour 6.983.100 fr., les impôts directs pour 7.426.680 fr., et les impôts indirects pour 18.375.000 fr.

Les dépenses sont évaluées à 44.246.211 fr., d'où résulte un excédent de 2.778.000 fr. environ des recettes sur les dépenses.

Les titres de la dette finlandaise ont été placés en grande partie à l'étranger, surtout en Allemagne. L'emprunt à primes, en particulier, est presque tout entier entre des mains allemandes. On peut calculer que les nationaux possèdent pour 30 millions de francs de titres de la dette, et les étrangers pour 35 millions. Il n'y en a pas entre des mains françaises.

Depuis 1870, époque à laquelle la dette finlandaise était de 45 millions de francs, l'augmentation nette a été de 20 millions 800.000 fr.

Les emprunts émis depuis 1870 ont été : l'emprunt intérieur 4 1/2, émis en quatre séries, de 1872 à 1880, et les trois emprunts Rothschild pour les chemins de fer, deux à 4 1/2 0/0 et un à 4 0/0, représentant ensemble 39.103.700 fr.

L'emprunt intérieur a été émis par souscription publique; les autres, émis en Finlande et en Allemagne par des banquiers.

Les seuls emprunts finlandais cotés sur les Bourses étrangères sont l'emprunt à 4 0/0 des chemins de fer (1883), qui se traite, à Berlin, de 100 à 100 1/2 0/0, et l'emprunt à primes.

Aucune valeur finlandaise n'est cotée à la Bourse de Paris.

XXVIII

RUSSIE

Au 31 décembre 1885, le total de la dette consolidée de la Russie s'élevait à 18 milliards 28 millions 780.918 francs, se décomposant ainsi qu'il suit :

Roubles métall. à 4 fr.	344.198.535	soit en fr.	1.376.794.140
Roubles crédit à 4 fr.....	3.199.810.207	»	12.799.240.828
Flor. de Hollande à 2 fr.10.	71.222.000	»	149.566.200
Livres sterling à 25 fr...	125.896.590	»	3.147.414.750
Francs................	555.765.000	»	555.765.000
	Total général.............		18.028.780.918

Les dépenses, d'après le budget de 1886, en intérêts et amortissement, réclament 109.928.980 roubles pour les dettes conclues en valeur métallique et 149.716.185 roubles pour celles conclues en roubles crédit, soit, au total, 259.645.165 roubles qui représentent, d'après leur valeur nominale de 4 fr., une somme totale de 1 milliard 38 millions 580.660 francs.

La Russie a émis des emprunts intérieurs et extérieurs sous toutes les formes : en 6 0/0, en 5 0/0, en 4 1/2 0/0, en 4 0/0, en 3 0/0. Voici, à ce sujet, quelques renseignements complémentaires.

Tous les emprunts russes ont été, jusqu'à l'époque de la dernière guerre russo-turque, contractés par l'intermédiaire des banquiers hollandais, dans le commencement du siècle, puis, à partir de 1820, anglais et hollandais, sauf les emprunts en obligations de la Banque de Russie, établissement qui est une institution d'État. Depuis 1877, les emprunts russes ont été faits généralement à l'intérieur par la Banque de Russie, assistée de banquiers russes comme participants. C'est ainsi qu'ont été émis les emprunts d'Orient.

Les emprunts qui composent la dette russe inscrite se divisent en emprunts métalliques et papier. La première catégorie comprend les emprunts extérieurs conclus en livres sterling, en florins de Hollande, en francs, en marcs, et les emprunts extérieurs ou intérieurs en roubles métalliques. La seconde catégorie embrasse tous les emprunts en roubles papier ou roubles crédit.

Le rouble métallique ou rouble en or — ces deux expressions ont la même valeur, — équivaut à 4 fr. de notre monnaie. Le rouble papier ou rouble crédit, désigné encore parfois comme rouble argent, vaut nominalement 4 fr.; mais cette valeur est sujette aux fluctuations du change, qui est fort variable; pour les dix dernières années, et pour raisonner sur l'importance relative de la dette métallique et de la dette papier, on estime qu'un rouble métallique est l'équivalent d'un rouble et demi papier.

La dette inscrite se divise encore en emprunts en rentes perpétuelles, emprunts en obligations amortissables dans un délai fixé ou indéterminé, et emprunts à primes.

Les rentes perpétuelles n'entrent que pour une proportion relativement restreinte dans l'ensemble de la dette russe. Elles se composent de la rente 6 0/0 en roubles papier, émises en 1817, dont il reste 40 millions de roubles en circulation; et de la rente 4 0/0 en roubles papier, dite consolidée de 1859, s'élevant en capital à 154 millions de roubles. Soit en tout 194 millions de roubles qui ne peuvent être amortis ni convertis que facultativement, le gouvernement s'étant interdit expressément le droit de remboursement au pair, dans le contrat d'émission. Il ne peut que faire racheter, selon les cours, par la commission du contrôle de la dette.

Il existe aussi une rente perpétuelle 6 0/0 en or émise en 1883, pour 50 millions de roubles métalliques, plus une rente 5 0/0 métallique, pour 20 millions de roubles, et une rente 5 0/0 papier pour 25 millions, créées et transmises à la Banque de l'Etat en 1884. Pour ces trois dernières rentes, l'Etat s'est réservé le droit de remboursement au pair et, partant, de conversion, à partir de l'année 1893.

Pour les emprunts à terme, l'amortissement ou le remboursement sont réglés de différentes manières.

Les emprunts à terme émis avant 1860 sont dotés, selon l'ancien système, d'un amortissement fixe, qui reste le même, tandis que la charge de l'intérêt va en diminuant, et qui est calculé à raison de 1 à 2 1/2 0/0, selon les emprunts, de façon à opérer l'extinction en 40, 50, 60 ou 100 ans, par fractions égales du capital.

A partir de 1860, le gouvernement russe a adopté la méthode moderne de l'amortissement s'augmentant chaque année par l'accumulation des intérêts épargnés.

La durée de l'amortissement varie de 37 à 49 ans pour les

emprunts divers de l'Etat, autres que ceux dits des chemins de fer, et s'élève de 75 à 84 ans pour les emprunts de chemins de fer : obligations Nicolas, Tamboff-Saratoff et les 7 séries de consolidés émises en représentation d'obligations de chemins de fer. La durée de l'amortissement répond, dans ces derniers cas, à la durée des concessions des chemins de fer.

La dette à terme comprend encore des bons du Trésor à longue échéance, dits bons de séries, dont il y a actuellement en circulation pour 265 millions de roubles crédit. Ce sont des billets de 100 roubles, portant 4,32 0/0 d'intérêt par an, ou 0,36 par mois. Ils ont été émis par séries, remboursables au pair au bout de huit ans. Le Trésor les prend au pair, plus 0,36 kopecks par mois écoulé depuis le détachement du dernier coupon. Les séries remboursées sont immédiatement remplacées par d'autres, de sorte que le total de ce genre de dette est permanent et qu'elle peut être rangée dans la dette consolidée.

Les emprunts à primes sont au nombre de deux ; ils ont été émis en 1864 et en 1866. Ils ont un tirage annuel d'amortissement distinct des tirages des primes. Leur durée est de 60 ans ; ils seront donc entièrement amortis en 1925 et 1926 respectivement.

L'amortissement de la plupart des emprunts à terme s'opère par voie de tirage au sort annuel. Mais il en est, comme les emprunts d'Orient (emprunts 5 0/0 en roubles crédit, de 1877, 1878 et 1879), dont les titres s'amortissent par rachat en Bourse, tant que leur cours n'a pas atteint le pair, ce qui a été le cas jusqu'ici.

Les emprunts à terme illimité sont ceux dont le gouvernement se réserve de rembourser le capital, mais ne s'oblige pas à le faire dans des délais déterminés. La plupart de ces emprunts ont des fonds spéciaux d'amortissement, auxquels des crédits sont accordés, selon les années, ou qui sont suspendus selon les éventualités. Les anciens emprunts 5 0/0 de 1820 à 1855, l'emprunt 3 0/0 de 1859, etc., sont dans ce cas.

En 1866, d'après le journal de la *Société de statistique* (année 1867, p. 119), le capital nominal de la dette de la Russie était évalué à 6 milliards 883 millions 278,076, exigeant comme intérêts et amortissement, 257.334.336 francs. L'augmentation du capital nominal de la dette, de 1866 à 1885, dépasse 11 milliards, et, en intérêt annuel, 780 millions.

EMPRUNTS RUSSES COTÉS A LA BOURSE DE PARIS.

Désignation des emprunts	Cours	Reve-nu	Rem-bour-se-ment	Taux d'émission	Nombre de titres négociables	Période d'amortisse-ment.	Epoque des tirages
5 0/0 1862	96 1/2	5 0/0	»	90 0/0	15.000.000 de liv. st.	»	»
4 0/0 1867	86 50	4 0/0	Pair	61 50 0/0	600.000	1868 1950	Août [1]
4 0/0 1869	86 50	4 0/0	Pair	63 50 0/0	555.000	1870-1951	Août
5 0/0 1870	100 1/2	5 0/0	Pair	80 0/0	12.000.000 de liv. st.	1871-1951	Févr.
5 0/0 1873	95 »	5 0/0	Pair	93 0/0	15.000.000 de liv. st.	1874-1953	Déc.
4 1/2 1875	88 7/8	4 1/2	Pair	92 1/2 0/0	15.000.000 de liv. st.	1876-1956	Avril
5 0/0 1877	98 25	5 0/0	Pair	79 60 0/0	375.000.000 de francs	1878-1914	Avril
5 0/0 1878	83 »	5 0/0	Pair	93 0/0	300.000.000 de roubles	1878-1927	»
5 0/0 1879	82 40	5 0/0	Pair	90 1/2 0/0	300.000.000 de roubles	1879-1928	»
4 0/0 1880	82 20	4 0/0	Pair	»	150.000.000 de roubles	1881-1960	Mai
5 0/0 1881	110 »	5 0/0	Pair	92 25 0/0	100.000.000 de roubles	1882-1919	»
6 0/0 or 1883	109 »	6 0/0	Pair	»	50.000.000 de roubles	»	»
5 0/0 1884	96 »	5 0/0	Pair	90 1/4 0/0	15.000.000 de liv. st.	1885-1965	Nov.

En consultant ce tableau, on remarquera que, depuis 1870, les emprunts Russes admis à la cote de la Bourse de Paris sont au nombre de dix, représentant, tant en livres sterling qu'en roubles, un capital nominal en francs de 5 milliards 400 millions. A l'exception des emprunts de 1870 et 1873, s'élevant au total à 27 millions de livres sterling, soit 675 millions de francs, on peut dire que le surplus, soit près de 5 milliards, a été dépensé pour la préparation et pour les suites de la guerre d'Orient.

La situation financière de la Russie, — quelles que soient la richesse et la productivité de ce pays, ainsi qu'en témoigne l'augmentation des recettes budgétaires depuis 1870, augmentation qui s'équilibre avec les dépenses — est donc très chargée. Pour atténuer le fardeau de la dette, il a été souvent question, à la suite de la grande hausse qui s'était produite sur les valeurs russes à la fin de 1884, de divers projets de conversion. Il s'agissait soit de la conversion graduelle successive des emprunts métalliques en rentes perpétuelles à 4 0/0, soit de la conversion de tous les emprunts papier en rentes métalliques, soit encore de ramener toute la dette consolidée russe à deux types portant un même taux d'intérêt, l'un en rente métallique, l'autre en rente papier, à l'imitation de la rente autrichienne.

Les complications politiques, les bruits de guerre des dix-huit derniers mois, la baisse du papier rouble et aussi la mesure fiscale de l'impôt sur les coupons ont entièrement fait disparaître les probabilités et les bruits de conversion.

Ajoutons enfin que tous les emprunts russes ont été émis soit par voie de souscription publique, soit par ventes directes à des banques et établissements financiers.

Faisons remarquer, en outre, que la Russie est le seul grand pays d'Europe dont le budget s'établisse en dehors de toute intervention et de tout contrôle d'un Parlement. L'unité et la publicité du budget russe ont été établies par une loi organique de 1862. Le budget, dressé par chaque ministère en ce qui le concerne, centralisé et examiné par le ministre des Finances et le corps spécial qu'on appelle le contrôle de l'empire, est discuté et voté en séance plénière du conseil de l'Empire, et promulgué le 1ᵉʳ ou le 2 janvier de chaque année par le *Journal officiel*. L'année budgétaire commence au 1ᵉʳ janvier (vieux style).

XXIX

FRANCE

A quel chiffre s'élève le capital nominal de la dette publique de la France? On ne peut répondre d'une façon très nette et très précise à cette question. En effet : la dette de la France se compose d'emprunts *perpétuels*, d'emprunts et d'obligations *amortissables* et d'*annuités*. Le capital nominal des emprunts perpétuels n'oblige la France qu'à un paiement d'intérêts annuels ; les *annuités* n'obligent également le pays qu'au paiement d'une somme *annuelle* ; seules les rentes et obligations amortissables représentent un *caractère remboursable*. La vérité est que la France est astreinte au paiement annuel d'une rente se chiffrant par tel ou tel nombre de millions ; elle ne doit le capital qu'aux détenteurs de rentes remboursables par tirages, à des dates fixées au moment de l'émission de ces emprunts.

Ces observations faites, nous allons essayer cependant d'évaluer le capital nominal de toutes ces dettes. Pour établir

nos calculs, nous prendrons, comme base, le prix de 100 francs
pour les rentes 3 0/0, 4 1/2 0/0, 4 0/0, 3 0/0 amortissable; nous
évaluerons au pair de 500 francs les obligations du Trésor,
et nous capitaliserons à 4 0/0 la valeur des annuités dues par
l'État.

Dans les tableaux que nous publions plus loin, on verra que
les rentes 4 1/2, 4 0/0, 3 0/0 s'élèvent à 740.093.038 fr.

Au cours de 100 fr., elles représentent un
capital nominal de........................ 20.855.232.750 fr.

Le capital nominal des 142.615.055 fr. de
rentes amortissables représente un total de.. 4.753.835.100 »

Total du capital nominal des rentes.......... 25.609.067.850 fr.

La dette remboursable s'élève à 385,652,550, d'où il faut déduire les 142,615,055 fr. de rentes amortissables que nous
venons de chiffrer. Il reste donc un total de 243.037.485 fr.
de dettes remboursables. Capitalisées à 4 0/0, ces dettes repré-
senteraient un capital nominal de.... 6.075.373.750 fr.

qui, ajoutés au capital nominal des
rentes 4 1/2, 4 0/0, 3 0/0 et 3 0/0
amortissable...................... 25.609.067.850

formeraient pour le capital nominal
de la dette un total de.............. 31.684.441.600 fr.

Mais on conviendra que ces chiffres de 31 milliards 684 millions pour capital nominal de la dette sont fort discutables. En
effet, toutes les rentes 3 0/0 qui valent environ 80 fr. à la
Bourse et ont été émises bien au-dessous de ce cours, se trouvent immédiatement majorées de 20 0/0. Pour avoir sur ce point
une évaluation exacte, il faut donc se borner à examiner le
montant des rentes annuelles que doit l'État, et si l'on veut
connaître quelle a été, dans une période déterminée, l'augmentation ou la diminution de la dette publique, il faut comparer
le montant des rentes émises à telle époque à celles en circulation, au moment où s'effectue cette comparaison.

En adoptant cette base de calculs, nous trouvons que, de
1869 à 1887, la dette consolidée a augmenté de 392.729.237 fr.;
le montant des capitaux remboursables à divers titres a augmenté de 336.833.517 francs; la dette viagère a augmenté de
125.360.213 fr.

Ces trois chapitres, comparés entre eux, accusent une augmentation totale de 854.922.957 fr. ainsi que l'indique le tableau suivant :

BUDGET DE 1869 ET DE 1887 (DETTE PUBLIQUE).

	Budget de 1869	Budget de 1887	Augment.
1° Dette consolidée.....	347.363.801	740.093.038	392.729.237
2° Capitaux remboursables à divers titres....	48.819.033	385.652.550	336.833.517
3° Dettes viagères.......	85.555.523	210.915.726	125.360.203
Totaux	481.738.357	1.336.661.314	854.922.957

Nous payons donc annuellement pour le service de la dette publique et la dette viagère 824.922.057 fr. de plus que fin 1869. Voilà la vérité.

Si maintenant nous comparons le montant des rentes inscrites au grand livre, au 1er janvier 1871, par exemple, et au 1er janvier 1886, nous trouvons les résultats suivants :

1er *janvier* 1871.

5 0/0	4 1/2	4 1/2 ancién	4 1/2 0/0 nouveau	3 0/0	3 0/0 amortissable	Totaux
»	37.447.732	»	446.096	348.328.515	»	386.222.343

1er *janvier* 1886.

5 0/0	4 1/2 ancien	4 1/2 nouveau	4 0/0	3 0/0	3 0/0 amortissable	
»	37.433.232	305.426.849	446.096	363.038.351	119.896.560	826.241.113

Au 1er janvier 1871, le capital nominal des rentes inscrites au Grand-Livre représentait une somme de 12.454.274.722 fr. Au 1er janvier 1886, le capital nominal des rentes inscrites au Grand-Livre représente une somme de 23 728.096.228, soit une augmentation de 11 milliards 273 millions 821.506 fr.

A ce chiffre, si on ajoute le montant des rentes 3 0/0 et 3 0/0 amortissable créées en 1886 on obtient, sous les réserves que nous avons exprimées, le montant de l'augmentation du capital de la dette publique depuis la guerre, soit en chiffres ronds, environ 12 milliards.

Ce chiffre de 12 milliards nous paraît être, au surplus, celui qui approche le plus de la vérité. Si nous faisons le relevé des sommes que l'État a reçues depuis 1870, soit par emprunts en rentes, soit en produits divers, soit par aliénations diverses, nous trouvons que l'État a encaissé :

1° par emprunts en rentes 3 0/0 et 5 0/0	7.242.210.623	80
2° — — 3 0/0 amortissable ...	3.284.580.886	45
3° — en obligations	508.349.563	39
4° — produits divers...............	312.582.320	10
5° — aliénations diverses..........	169.902.658	40
Total....	11.517.626.052	14

On voit immédiatement la concordance entre le capital réellement reçu et le capital nominal pour évaluer l'augmentation de la dette publique depuis 1870.

On trouvera ci-après, le détail des emprunts divers effectués depuis 1870 : pour faire ce travail, nous nous sommes appuyés sur des documents officiels : rapport de M. Magne du 28 octobre 1873; tableaux publiés par M. Léon Say dans son travail sur le rachat des chemins de fer ; exposé des motifs des divers budgets; rapports de MM. Dauphin, Rouvier, Jules Roche et Wilson.

Nous pensns que ce tableau est aussi complet et exact que possible.

EMPRUNTS EFFECTUÉS DEPUIS 1870.

I

RENTES PERPÉTUELLES. — RENTES AMORTISSABLES. — OBLIGATIONS A COURT TERME.

Emprunt de 750 millions en 3 0/0 loi du 12 août 1870..	804.572.181 »»	
Emprunt de 2 milliards en 5 0/0 loi du 20 juin 1871..	2.225.994.045 »»	
Emprunt de 3 milliards en 5 0/0 loi du 15 juillet 1872.	3.498.744.639 »»	7.242.210.623 80
Emprunt obligations Morgan 6 0/0 loi du 25 octobre 1870......................	208.899.770 »»	
Emprunt de 504 millions (frais compris) en 3 0/0 loi du 1er mai 1886..........	503.999.988 80	

Rentes 3 0/0 amortissables émission de 1878.........	439.878.547 »»	
Rentes 3 0/0 amortissables émission de 1881.........	999.967.365 »»	
Rentes 3 0/0 amortissables émission de 1884.........	349.978.889 »»	3.284.580.886.45
Consolidation de la dette flottante................	1.199.986.880 50	
Liquidation de la caisse des retraites................	294.769.204 95	

Obligations à court terme, 1887, 1888, 1889, 1890 (au 1er mars 1886)............	466.149.563 39	
Obligat. trentenaires (1907) restant à rembourser au 31 décembre 1887........	62.200.000 »»	508.349.563 39

Total.... 11.035.141.073 54

II

EMPRUNTS SOUS FORME DU PRODUITS DIVERS.

Emp. à la Banque 1 milliard 530 millions totalement remboursé (1)...........	Mémoire	
Prélèvement sur les excédents de recettes de 1869.	57.973.567 70	
Prélèvement sur les excédents de recettes de 1880-1881....................	29.677.000 »»	
Soulte de la conversion de l'emprunt Morgan........	66.839.849 33	
Garanties d'intérêts remboursées par les Compagnies de chemins de fer (1880 à 1883)............	46.649.380 07	312.582.320 10
Prime d'émission des obligations sexennaires......	1.698.640 »»	
Règlement avec la ville de Paris, des dépenses de l'Hôtel des Postes........	846.000 »»	
Fonds de concours remboursables : casernement.....	8.248.375 »»	
Fonds de concours pour travaux de chemins de fer conventions antérieures à 1883) (2)................	100.549.508 »»	

III

EMPRUNTS PAR ALIÉNATION DU CAPITAL NATIONAL.

Aliénation des rentes de l'amortissement.........	108.612.002 »»	
Aliénation des rentes de la dotation de l'armée	46.661.682 »»	
Aliénation de divers immeubles domaniaux.........	13.544.546 40	169.902.658 40
Produit d'une souscription en 1870-1871 pour achats de canons.............	499.428 »»	
Cession de l'arsenal de Lille.	585.000 »»	

TOTAL GÉNÉRAL.. 11.517.626.052 04

(1) Voir le rapport de M. Wilson, budget de 1887. p. 86, n. 1137.
(2) Id. p. 92.

A quels emplois ont servi ces 11 1/2 milliards? Quelle a été la cause de l'augmentation de la dette? Il n'est malheureusement que trop facile de répondre. Ces milliards sont la triste conséquence de la guerre de 1870. Les charges de cette guerre ne sont pas moindres de 10 milliards.

Voici encore sur ce point, des documents précis :

M. Magne, dans son rapport du 28 octobre 1873, adressé à M. Thiers, évalue les charges de la guerre à   9.287.882.000 fr.

M. Léon Say, dans son travail sur le *Rachat des chemins de fer* (1881) évalue ces charges à............................   11.471.411.661 »

M. Jules Roche, dans son rapport général sur le budget de 1886, évalue (*page* 80) ces mêmes charges à........................   10.880.185.179 »

imputables	à la dette perpétuelle.	8.241.708.966
	à la dette remboursable.	2.638.476.225
	Somme égale.	10.880.185.179

M. Mathieu-Bodet, ancien Ministre des Finances, a évalué les charges de la guerre à 10 milliards. (*Journal des Economistes*, 18 août 1883.)

La différence entre les chiffres de M. Magne et ceux de M. Léon Say se trouve dans les dépenses du compte de liquidation que M. Magne ne pouvait évaluer en 1873 et que M. Léon Say a ajoutées au tableau récapitulatif faisant suite à son travail du 15 décembre 1881.

D'une part, il a été dépensé plusieurs milliards en travaux publics, pour l'exécution du plan Freycinet ; d'autre part, de 1872 à 1885, d'importants dégrèvements d'impôts ont été réalisés, prématurément, à notre avis ; car, pendant que les dépenses augmentaient, on diminuait les recettes budgétaires : sans ces dégrèvements, nous n'aurions pas aujourd'hui autant de difficultés pour équilibrer nos budgets. Voici le détail de ces dégrèvements :

En 1877...............................	7.448.000
En 1878...............................	48.975.000
En 1879...............................	53.350.989
En 1880...............................	134.736.215
En 1881.............	7.210.000
Total....	251.720.204

En ajoutant à ce total le montant des degrèvements effectués en 1872, 1873, 1875 et qui se chiffrent par 33.272.000 francs, plus le montant des dégrèvements votés en 1884 sur les ventes judiciaires et sur les échanges de biens ruraux non bâtis, nous trouvons que le total exact des dégrèvements effectués est de 286.496.204 fr.

Le détail complet de ces dégrèvements se trouve dans *l'exposé des motifs du budget de* 1886 (p. 936 et 937).

Si l'on faisait de 1870 à 1887 un tableau général comprenant les capitaux que l'État a reçus sous forme d'emprunts divers et d'impôts et ceux qu'il a payés pour les frais de la guerre, pour les travaux publics, pour les dégrèvements d'impôts, pour les divers services administratifs, les frais de perception des impôts, les intérêts dus et capitaux remboursés à ses prêteurs, on se rendrait compte de la vitalité de notre pays, des difficultés de toute nature qu'il a surmontées. Nous ne ferons qu'une seule comparaison. Depuis 1870, l'État, on l'a vu, a emprunté et reçu 11 1/2 milliards. Or, si aux 286 millions de dégrèvements d'impôts, nous ajoutons les intérêts et les remboursements qu'il a payés à ses prêteurs, nous trouvons qu'il a déboursé, de ce chef, plus de 10 milliards 300 millions. En effet :

Dans un tableau publié dans le *Rapport sur le budget de* 1886 par M. Jules Roche, (p. 89 et 92), les intérêts payés depuis le 1er janvier 1871 jusqu'au 31 décembre 1885 pour le service de la dette ont été de......................... 7.334.208.066 fr.

Pendant la même période, les capitaux remboursés ou amortis se sont élevés à.... 2.706.637.824 fr.

Le total des intérêts et des capitaux remboursés ou amortis a donc été de......... 10.040.845.890 fr.

Dans ce chiffre sont comprises les sommes remboursées à la Banque de France, ainsi qu'il suit :

Capital emprunté........   1.530.000.000
Intérêts payés..........   80.921.898

Somme payée à la banque.   1.610.921.898

Comment l'État a-t-il pu faire face à des charges aussi écrasantes? Comment a-t-il pu trouver les ressources nécessaires pour gager ses emprunts? Uniquement par les impôts. Nous payons, à l'heure actuelle, 1.100 millions de plus qu'en 1869.

Au moment où nous écrivons ces lignes, le budget de 1887 n'est pas encore voté et nous nous trouvons en présence d'évaluations provisoires.

Le budget de 1887, déposé par M. Sadi-Carnot le 16 mars 1886, se chiffrait comme suit :

Recettes..............	3.142.687.567 fr.
Dépenses.............	3.140.994.820 fr.
Excédent........	1.692.747 fr.

La Commission du budget, dans son premier rapport, n° 1137, évalue les recettes à 3.016.485.142 francs et les dépenses à 3.014.791.557 fr.

Dans son second rapport, la Commission du budget évalue les recettes à 2.966.579.242 fr. et les dépenses à 2.964.887.530 fr. soit un excédent de recettes de 1.691.712 fr.

Si nous adoptons ces chiffres, nous trouvons que le total général des voies et moyens ordinaires de l'exercice 1887 est évalué par la Commission du budget (*rapport de M. Wilson*, janvier 1887), à............ .... 2.964.887.530 fr. »

Les recettes ordinaires du budget de 1869 (*Bulletin de Statistique* 1883, p. 554) ayant été de............................. 1.864.752.236 fr. 82

Augmentation...........	1.100.135.293 fr. 18

Comme nous payons à l'heure actuelle, ainsi que nous l'avons démontré plus haut, 854 millions 922.957 fr. de plus qu'en 1869 pour le service de la dette publique et de la dette viagère, nous pouvons dire que cette augmentation de la dette absorbe près de 80 0/0 des 1.100 millions de ressources nouvelles qu'il a fallu créer depuis cette époque.

Nous avons dit qu'au 1er janvier 1887, le service de la dette publique, des dettes remboursables et viagères exigeait 1.336.661.314 fr. Voici comment, d'après nos budgets, se décomposent ces divers chapitres :

DETTE CONSOLIDÉE.

Rentes 4 1/2 0/0 nouveau fonds (Loi et décret du 27 avril 1883).	305.540.359 fr.
» 4 1/2 0/0 ancien fonds (Décret du 14 mars 1852) .	37.433.232 »
» 4 0/0 Loi du 19 Juin 1828	446.096 »
» 3 0/0 Loi et ordonnance du 1er mai 1825 . . .	396.673.351 »
Total.	740.093.038 »

DETTE REMBOURSABLE A TERME OU PAR ANNUITÉS.

Intérêt et amortissement des obligations à court terme	86.500.000 fr.
Rentes 3 0/0 amortissables par annuités (Loi du 11 Juin 1878 ; décret du 16 juillet 1878)	142.615.055 »
Intérêts et amortissement des obligations trentenaires (Lois des 23 juin 1857, 29 juin et 4 juillet 1861, loi du 29 décembre 1876, décret du 22 juin 1877).	6.633.400 »
Intérêts et amortissement des obligations émises pour l'achèvement des chemins vicinaux et la construction des établissements scolaires	10.437.000 »
Intérêts des obligations émises pour les garanties d'intérêt aux compagnies de chemins de fer.	2.300.000 »
Intérêts et amortissement de l'emprunt contracté par le gouvernement sarde pour l'amélioration de l'établissement thermal d'Aix	35.900 »
Rachat de concession de canaux	3.064.608 »
Annuités aux C⁰ˢ de chemins de fer.	32.600.822 »
Annuité à la Cⁱᵉ Algérienne	4.997.763 »
Annuités aux départements, villes et communes, remboursement des dommages de la guerre	11.419.750 »
Annuités pour réparation de dommages causés par le génie militaire	1.840.250 »
Annuités aux communes, frais de casernement. . . .	7.988.000 »
Annuité à la Cⁱᵉ de l'Est.	20.500.000 »
Annuités de conversion de l'emprunt Morgan	17.300.000 »
Redevances annuelles envers l'Espagne pour délimitation de la frontière des Pyrénées.	20.000 »
Intérêts de la dette flottante du Trésor.	52.000.000 »
Intérêts de capitaux de cautionnements.	9.400 000 »
Total de la dette remboursable. . .	385.652.550 »

La dette viagère qui comprend les pensions civiles et militaires s'élève à 210.915.726 francs.

Le service de la dette publique réclame donc 1.336.661.314 fr., savoir :

1° Dette consolidée	740.093.038 fr.
2° Dette remboursable et annuités.	385.652.550 »
Dette viagère	210.915.726 »
Somme égale. . .	1.336.661.314 »

En résumé, et pour terminer ce chapitre de la dette publique de la France que nous avons essayé de faire aussi complet que possible en suivant le même ordre que celui adopté pour nos études sur les dettes des autres pays :

1° Le capital nominal de la dette publique, sous les réserves que nous avons exprimées, et sans compter la dette viagère, peut être évalué à 31 milliards.

2° Depuis 1870, l'augmentation du capital nominal de la dette est de 12 milliards.

3° Le service de la dette publique et dette viagère réclame au 1er janvier 1887, 1 milliard 336 millions 661.314 fr, soit une augmentation de 854 millions 922.957 fr. sur le budget de 1869;

4° Les emprunts émis par la France ont été effectués en 6 0/0 (obligations Morgan) en 5 0/0, converti en 1883, en 4 1/2 0/0, en 3 0/0, en 3 0/0 amortissable, en obligations trentenaires et sexennaires et bons du Trésor.

Le montant des emprunts divers, effectués depuis 1870, dépasse 11 1/2 milliards sur lesquels la France a déjà payé en intérêts et amortissement plus de 10 milliards.

5° Presque toutes les rentes françaises se trouvent dans notre pays. Il serait à désirer, comme nous en exprimons le vœu dans la conclusion de ce travail, que diverses mesures fussent adoptées pour faire coter et négocier nos rentes sur tous les marchés étrangers.

Les rentes françaises sont disséminées dans les plus petits portefeuilles. Au 1er janvier 1882, il existait 3.867.801 inscriptions de rentes représentant une rente annuelle de 743.315.760 fr. soit une moyenne de 200 fr. de rentes environ pour chaque inscription. Dans ce nombre, on comptait 113.881 inscriptions départementales; 246.292 coupures de rentes mixtes; 2.443.364 coupures de rentes au porteur; 989.894 inscriptions appartenant à divers propriétaires.

6° Aucun emprunt français n'a reçu de gage spécial sur un impôt ou un revenu quel qu'il soit : les emprunts français et toute notre dette publique sont garantis par les ressources générales du budget, telles qu'elles résultent des comptes annuels, soumis aux pouvoirs publics, discutés et sanctionnés par eux.

Ajoutons enfin que quand on étudie la situation de nos finances publiques, il ne faut pas oublier quelle immense réserve de richesses et de ressources l'Etat disposera plus tard par la propriété de tous les chemins de fer (1). Cette propriété représente, à l'heure actuelle, d'après les bilans des compagnies, une valeur de 12 milliards et d'environ 16 milliards d'après les cours cotés à la bourse sur les actions et sur les obligations.

_____

(1) Voir, pour plus de détails sur ce sujet, le *Rentier* du 27 juin 1885. *Les chemins de fer et la Dette publique*. Voir aussi notre travail sur le *Développement de la fortune mobilière* et de l'*Epargne française de 1871 au 31 décembre 1884, Rentier* des 27 janvier et 17 février 1885.

RÉSUMÉ GÉNÉRAL ET CONCLUSION

I. Augmentation des dettes publiques depuis 1870. — II. Dépenses de la guerre, de la marine et intérêts des dettes. — III. Les conversions de rentes à l'étranger et en France. — IV. Abaissement du taux de l'intérêt de l'argent depuis 1870. — V. Modes d'émissions et types de rentes employés par les gouvernements emprunteurs.— VI. De la répartition des fonds publics étrangers dans les portefeuilles français. — VII. De la cote et de la négociation des rentes françaises aux bourses étrangères. — VIII. Guerre, ruine ou révolution industrielle et économique.

I. — *Augmentation des dettes publiques depuis* 1870.

Dans cette longue énumération de chiffres, ce qui frappe tout d'abord l'esprit, c'est l'augmentation considérable de la dette publique des Etats Européens depuis 1870. Cette dette s'élevait à 75 milliards en 1870 environ ; elle atteint 115 milliards en 1886. L'augmentation n'est pas moindre de 40 milliards (1).

Nous avons pris à dessein cette date de 1870 qui nous rappelle

---

(1) D'après le journal de la *Société de statistique* (avril 1867), la dette publique d'Europe s'élevait, en 1865-1866, aux chiffres suivants :

Dépenses totales des budgets.......	10 milliards 508 millions.	
Capitalisation des dettes...........	66 — 013 —	
Intérêt et amortissement...........	2 — 438 —	

La population de l'Europe était évalué à 291.733 379 habitants ; la dette par habitant représentait 226 fr. 30.

M. Paul Boiteau, dans son article sur le budget général de l'Etat, inséré dans le Dictionnaire des finances de M. Léon Say, a réuni sous le titre de : « Budgets Européens » la plupart des budgets du continent, et pour en faciliter l'étude, il a placé en regard du montant des dépenses prévues pour l'exercice 1885, le montant des dettes consolidées et autres qui grèvent l'actif des différents Etats ainsi que le montant des dépenses militaires et celles du service de la Dette et de l'amortissement. Il obtient les chiffres suivants :

Prévisions totales des dépenses budgétaires annuelles..........	18 milliards 848 millions.	
Capitalisation des dettes consolidées, des dettes amortissables, annuités diverses, etc.........	108 — 431 —	
Dépenses du service des dettes et de l'amortissement	4 — 861 —	
Dépenses militaires, guerre et marine.......................	4 — 439 —	

On pourra comparer ces chiffres à ceux que nous donnons plus loin.

les plus grands malheurs que notre pays ait jamais supportés, les lourdes charges qui ont été la conséquence de la guerre, le fardeau qui pèse sur nous tous. La guerre de 1870 a coûté à la France plus de 10 milliards : sans elle nous ne serions pas grevés d'impôts écrasants et aucun peuple ne supporterait plus facile. ment que nous le poids de sa dette publique.

Aucun pays n'a, en effet, subi des désastres aussi grands que les nôtres; aucun n'a eu une indemnité de 5 milliards à payer à l'étranger ; aucun n'a dû reconstituer sa puissance militaire, son matériel de guerre; aucun n'a eu à refaire, pour ainsi dire, la patrie elle-même tout entière. Et cependant que voyons-nous ? A l'exception de l'Angleterre qui, par suite de divers remboursements d'annuités, a pu diminuer sa dette de 1.350 millions; à l'exception du Danemark qui, par suite de conversions heureusement effectuées, a pu réduire sa dette de 20 millions, tous les pays se sont endettés depuis 1870 dans des proportions énormes. Voici sur ce point quelques chiffres précis. Nous rangeons les Etats par ordre d'accroissement de leurs dettes depuis 1870.

AUGMENTATION DU CAPITAL NOMINAL DE PLUSIEURS DETTES PUBLIQUES DEPUIS 1870

France................	12 milliards		
Russie (1)........	11	—	
Prusse................	3	—	217 millions
Italie................	3	—	132 —
Hongrie..............	2	—	249 —
Autriche..............	1	—	770 —
Espagne..............	1	—	300 —
Belgique..............	1	—	089 —
Roumanie.............	0	—	701 —
Allemagne............	0	—	526 —
Saxe................	0	—	388 —
Grèce	0	—	270 —
Serbie...............	0	—	244 —
Wurtemberg	0	—	194 —
Suède...............	0	—	181 —
Hambourg............	0	—	24 —
Finlande..............	0	—	20 —

Cette augmentation du capital nominal des dettes publiques européennes qui atteint, depuis 1870, 40 milliards environ, a eu pour conséquence l'augmentation des intérêts

(1) Augmentation depuis 1866.

et des amortissements annuels pour les emprunts contractés, l'accroissement des dépenses totales des budgets, une surchage dans les impôts. Combien ne serions-nous pas allégés si nous n'avions pas à payer chaque année les lourds impôts qui grèvent notre commerce et notre industrie, et qui, s'ajoutant aux frais de production, ont rendu la concurrence à nos produits d'autant plus facile? Toutes proportions gardées, les pays d'Europe souffrent, comme nous, de ces lourdes charges qui, dans tous les pays, obèrent les contribuables. C'est la guerre, toujours la guerre, qui redoit aux budgets. Depuis seize ans, les budgets de la guerre et de la marine ont coûté à la France plus de 11 milliards, c'est-à-dire plus de 700 millions par an; l'Allemagne et la Russie n'ont pas dépensé moins de 10 milliards chacun pendant la même période, l'Autriche et l'Italie presque le même chiffre. Voilà donc cinq grands pays qui, en vue d'une guerre probable, dépensent tous les ans, de 500 à 900 millions, depuis seize ans. Que coûterait donc la guerre elle-même?

Les Etats européens paient annuellement pour leurs dépenses de la guerre et de la marine à peu près les mêmes sommes que pour l'intérêt et l'amortissement de leurs dettes. D'après les derniers budgets, ainsi que le prouvent les chiffres que nous publions plus loin, la guerre et la marine coûtent à l'Europe 4 milliards 528 millions, alors que l'intérêt et l'amortissement des dettes publiques réclament 5 milliards 343 millions. En voici le relevé :

II. — *Dépenses de la guerre, de la marine, capital nominal et intérêts des dettes.*

États	Exercices financiers.	Capital nominal de la dette.	Intérêts et amort. ann.	Dépenses ann. Guerre et marine.
		Milliards-Millions.	Millions.	Millions.
Prusse........	1er avril 1886	4.814	220	
Allemagne	31 déc. 1886.	526	20.1	539.1
Autriche	31 déc. 1884.	9.288	389.9	
Hongrie........	—	3.178	206.8	312 »
Wurtemberg...	31 déc. 1885.	» 525	21.5	»
Saxe..........	—	» 800	33.2	»
Hambourg.....	31 déc. 1883.	» 178	8.7	»
Bavière........	1er avril 1886	1.790	61.1	»
Bade..........	31 déc. 1885.	» 53	2.1	»
Etats allemands	—	» 268	11 »	»
Italie..........	—	11.131	532 »	342.5
Suède.........	—	» 345	16.4	35.5
Norwège	30 juin 1885.	» 151	6 »	18.3
Danemarck....	31 déc. 1885.	» 274	12.4	23 »
Pays-Bas......	—	2.260	69.5	69.5
Belgique.......	—	1.771	86.5	45.6
Espagne.......	1er juillet 1886.	6.042	274.1	200.3
Portugal.......	—	2.821	89.3	39.3
Angleterre (1)..	31 mars 1885.	17.829	737.5	740.2
Suisse.........	1er janvier 1886.	» 32	1.8	17.1
Serbie.........	13 juin 1886.	» 244	13.7	16.2
Roumanie	1er avril 1887.	» 729	59.2	28.5
Grèce.........	1er janvier 1886.	» 348	33 »	23 »
Turquie........	1880-1881.	2.622	55.4	200 »
Bulgarie.......	1er janvier 1885.	» »	2.1	» »
Finlande.......	31 déc. 1885.	» 065	5.9	6.1
Russie	—	18.028	1.038 »	982.4
France	31 déc. 1886.	31.000	1.336 »	859.5
Totaux		117.112	5.343.2	4.528.1

Dans quelles proportions énormes les dettes publiques de toute l'Europe ne pourraient-elles pas être réduites si les dépenses de la guerre n'absorbaient pas tous les ans plus de 85 0/0 de ces mêmes dettes? Toutes les puissances européennes ont des embarras financiers; toutes ou presque toutes augmentent ou ont besoin d'augmenter leurs impôts. Toutes, sans exception, font des armements considérables. Cette situation présente les plus graves dangers et plus que jamais cependant, le maintien

(1) D'après une note de l'honorable M. Hangcosck, de la Société de statistique de Londres, de fin mars 1884 à fin mars 1885, l'Angleterre paie comme intérêt 22.000.000 £ et 7.000.000 £ comme amortissement, soit au total 29.500.000 £.

de la paix est nécessaire à l'Europe pour consolider son crédit, améliorer l'état de ses finances, donner de l'essor et de la confiance au commerce et à l'industrie.

III. — *Les conversions de rentes à l'étranger et en France.*

Et cependant, malgré les charges de toute nature qui pèsent sur les Etats, les rentes de ces mêmes pays se sont négociées pendant l'année 1883 presque toutes aux plus hauts cours qu'elles aient cotés depuis 1870. Non seulement, grâce à l'abondance des capitaux et à l'abaissement du taux de l'intérêt, les fonds publics ont haussé, mais il a été réalisé, en matière de finances, des progrès considérables.

Les Etats, non plus que les villes et les sociétés industrielles ou financières, n'hésitent pas à effectuer, sur une très large échelle, des opérations qu'on eût à peine osé concevoir il y a moins de trente ans.

Aujourd'hui des Etats, dont la puissance financière a toujours été relativement restreinte, peuvent contracter des emprunts qui dépassent de beaucoup ceux que naguère encore des nations riches n'eussent tentés qu'avec appréhension.

Toutes les combinaisons auxquelles peuvent prêter les finances d'Etat qui étaient si longtemps restées dans le domaine de la théorie, sont pleinement entrées dans la pratique et se réalisent couramment. Bien des préjugés économiques et financiers se sont dissipés; bien des principes, encore contestés naguère, ont triomphé et se sont imposés.

Le crédit a acquis une force d'expansion inouïe; les fonds publics, les valeurs mobilières se sont de plus en plus répandues, vulgarisées, démocratisées en quelque sorte. Leur grande facilité de circulation, leur mobilité, leur diffusion, leur accessibilité à toutes les fortunes, petites ou grandes, leur ont assuré une faveur, que l'on peut trouver excessive, mais qui est, à divers points de vue, très justifiée. Cet essor de la fortune mobilière a déterminé une véritable révolution dans les conditions financières de l'existence des peuples.

Emprunts, unifications de dettes, conversions, sont des opérations devenues familières même aux moindres Etats. Et, chose assez étrange, c'est la France qui, après avoir été, avec l'Angleterre, l'initiatrice des grandes réformes financières, a été depuis quelques années, parmi les nations, la plus timide à réaliser les combinaisons heureuses, légitimes, profitables, que la puissance et la solidité de son crédit lui rendent si faciles.

Rien, en effet, de plus curieux à observer, autour de nous, que les nombreuses opérations de conversion déjà accomplies avec succès ou en voie de préparation. Si on peut reprocher à certains Etats une propension trop grande à emprunter, il faut bien reconnaître qu'ils se préoccupent aussi, pour la plupart, de n'emprunter qu'au plus bas prix possible. Dès que leur crédit s'étend et s'améliore, ils s'efforcent de remplacer les anciennes dettes coûteuses, onéreuses, par des dettes plus légères, con-tractées à un taux moins élevé. Ce sont maintenant des puissances financières de second et de troisième ordre qui nous donnent l'exemple. Dans cet ordre d'idées et de faits, il n'est certainement pas inutile d'examiner comment se sont effectuées les conver-sions récentes et d'indiquer les divers procédés, jusqu'ici employés.

Depuis 1870, deux fonds d'Etats français ont été l'objet d'une conversion : l'emprunt Morgan et la rente 5 0/0. On se rappelle comment elles s'effectuèrent : on offrit aux porteurs d'obligations Morgan 6 0/0, le même revenu en rente 3 0/0, moyennant une soulte de 124 fr. par obligation. Les porteurs de rentes 5 0/0 eurent à opter entre le remboursement à 100 fr. de leurs rentes et l'échange contre un nouveau titre de rente 4 1/2 0/0 non-con-vertible avant un délai de 10 ans qui expire en 1893.

La Belgique a opéré trois conversions : son 4 1/2 est devenu du 4 0/0, puis du 3 0/0. Pour la première opération, elle eut immédiatement recours à un syndicat de banquiers, qui se char-geait du placement de la rente nouvelle, tandis que l'Etat opérait le retrait de la rente convertie. Pour la seconde conversion, le gouvernement belge voulut opérer seul et émettre directe-ment sa rente nouvelle; il n'obtint pas tout le succès désiré et dut, après des essais peu favorables, accepter le concours qui lui avait été donné précédemment.

Tout récemment, ainsi qu'on l'a vu dans le cours de cette étude, la Belgique a réalisé une troisième conversion en conver-tissant ses rentes 4 0/0 contre du 3 1/2 0/0. Cette opération, effec-tuée directement par le Trésor, obtint un plein succès.

La Suède a, elle aussi, transformé successivement son 4 1/2 en 4 0/0 et en 3 1/2 0/0 en recourant à l'intermédiaire des grandes maisons de banque. Celles-ci émettaient sur les marchés étran-gers la nouvelle rente suédoise, tandis que l'État restait chargé du retrait des anciens titres.

On conçoit que l'intervention des syndicats et des groupes financiers soit, pour ainsi dire, l'unique moyen des petits États qui n'ont pas de marché national. Il est certain que la Roumanie, par exemple, n'a pu effectuer la conversion de sa dette 6 0/0 que grâce au concours de puissantes maisons auxquelles elle s'est adressée. Ce sont ces dernières qui plaçaient la nouvelle rente tandis que l'État remboursait l'ancienne.

L'Espagne, lors de la récente conversion de ses emprunts de l'île de Cuba, s'est adressée à un groupe de banquiers : elle s'entendait avec eux pour le prix de la nouvelle rente à créer, et avec le produit du nouvel emprunt, remboursait des dettes anciennes contractées à plus gros intérêt.

Les grands États qui ont, presque tous, d'importants marchés financiers ne se croient cependant pas toujours assez sûrs de leurs propres forces pour dédaigner le concours des banques et des institutions de crédit. Sans ces hautes influences, aucune opération de crédit importante ne pourrait, sans doute, acquérir un caractère international et obtenir la participation des marchés extérieurs. Aussi toutes les conversions opérées dans de larges proportions ne l'ont-elles été qu'avec la participation des syndicats.

La Hongrie a effectué la conversion de sa rente 6 0/0 en rente 4 0/0 en or et elle prépare, en ce moment même, une opération du même genre sur d'autres dettes. Ici, les banquiers, groupés en vue de cette transformation, se sont chargés à la fois et du placement de la rente nouvelle et du retrait de la rente ancienne. Le remboursement au pair n'est devenu obligatoire pour les porteurs de 6 0/0 hongrois qu'à l'issue de l'opération qui s'est effectuée par fractions échelonnées. La loi, qui a fixé les conditions dans lesquelles cette conversion fût autorisée, était conçue presque dans les mêmes termes que le projet que nous formulions nous-même dès le mois d'août 1876 (1) en vue de la conversion éventuelle du 5 0/0 français.

En Allemagne, les conversions de fonds prussiens, bavarois et wurtembergeois se sont opérées par l'émission d'emprunts dont le produit a servi au remboursement des anciennes rentes.

A l'étranger, il nous reste à citer, au-dessus de tous, l'exemple des États-Unis qui ont accompli avec une habileté et un esprit de suite merveilleux des conversions successives dans les

---

(1) Voir notre étude : *La Conversion de la Rente* 5 0/0. Paris, Dentu, édit., 1876.

conditions les plus heureuses et les plus favorables, sans que les particuliers aient jamais eu à souffrir des conséquences de ces transformations répétées. Grâce à la prévoyance avec laquelle l'Amérique du Nord avait créé ses rentes par séries, des conversions partielles ont pu se succéder rapidement; et l'on a vu en peu d'années du 6 0/0 se transformer en 5 0/0, puis en 4 0/0, puis en 3 0,0. Ces opérations nombreuses, les États-Unis les ont effectuées directement sur leurs propres marchés et à l'extérieur avec le concours de grandes maisons de banque.

Mais, en dehors des exemples que nous ont donnés les autres nations, nous pourrions rappeler ceux que, sous des formes diverses, nous ont offerts nos départements français et nos propres villes. Là, encore, nous trouvons des efforts très louables et des combinaisons très variées. Nous avons vu des villes recourir au remboursement au pair d'anciennes dettes et à des emprunts plus avantageux pour alléger leurs charges, les unes s'adressant au public, les autres s'assurant l'appui de syndicats, d'autres enfin traitant, sans autre intermédiaire, avec le Crédit Foncier de France qui leur garantissait à un taux maximum les capitaux dont elles avaient besoin pour rembourser la dette antérieure contractée à un taux plus élevé.

Nous avons vu enfin, plus près de nous encore, le Crédit Foncier de France profiter, pour son propre compte, et au grand profit de sa vaste clientèle d'emprunteurs, de l'abaissement du prix de l'argent, et convertir des obligations entraînant une annuité élevée par des titres n'exigeant qu'une annuité notablement inférieure. On sait avec quelle simplicité s'est effectuée cette opération : les porteurs des obligations à convertir avaient un droit de préférence dans la souscription des obligations nouvelles; ils restaient libres de n'en pas user, mais étaient dûment avertis du remboursement prochain et obligatoire des titres anciens.

Ainsi les nations qui nous entourent et, chez nous-mêmes, les provinces, les villes, les institutions de crédit, ont pratiqué avec empressement et avec succès, sous les formes les plus diverses, des conversions qui, toutes, ont été profitables. En ce moment même, de grandes opérations de ce genre sont à prévoir. Il n'est pas douteux, en effet, que l'Angleterre ne se prépare à une nouvelle conversion de ses Consolidés dont les cours sont au-dessus du pair; dès que l'occasion sera propice, la transformation sera faite. En Italie, la conversion de la rente 5 0,0 est à l'ordre du jour, et il ne s'écoulera pas beaucoup de temps avant qu'elle ne soit réalisée. Déjà le gouvernement a préparé un projet pour convertir plusieurs dettes rachetables et offre du 4 1/2 à la place du 5 0/0.

Il est à remarquer que toutes ces conversions de rentes, qui ont diminué l'intérêt payé par les États à leurs prêteurs, n'ont nullement diminué les charges de ces divers pays. Pour être juste, équitable, toute conversion de rentes doit avoir pour conséquence une diminution d'impôts. Il n'en a rien été. Prenez tous les budgets des pays qui ont effectué des conversions ; comparez les chiffres des dépenses publiques et des impôts à ceux qui étaient inscrits avant et après les conversions, vous trouverez partout des augmentations de dépenses et d'impôts.

Il faut remarquer, d'autre part, que presque toutes ces conversions n'ont pu être réalisées avec succès qu'autant que la haute banque est intervenue et leur a donné son concours. Il convient enfin de dire que toutes ces opérations ont été facilitées par l'abondance toujours croissante des capitaux disponibles, et par la baisse du taux de l'intérêt, conséquence de cette abondance des capitaux.

IV. — *Abaissement du taux de l'intérêt de l'argent depuis* 1870.

Depuis 1870, et surtout depuis le jour où, pour la première fois depuis la guerre, la rente 5 0/0 fut cotée au pair, c'est-à-dire à 100, le 4 septembre 1874, des changements profonds se sont produits sur les marchés français et étrangers dans le taux de capitalisation. Successivement, d'année en année, lentement d'abord, puis par étapes vigoureusement franchies, les valeurs de premier ordre, de première sûreté, descendirent de 5 0/0 d'intérêt à 4 1/2 0/0 ; les valeurs de second ordre, qui rapportaient 6 1/2, 7 et 8 0/0, descendirent à 5 0/0 et même au-dessous. A mesure que le capital de ces valeurs augmentait, leur revenu devenait naturellement moins élevé.

Au lendemain de la guerre, un capital de 100,000 placé en rentes 5 0/0 aurait produit 5.500 à 6.000 fr. de rentes. Le même capital, placé aujourd'hui en rentes françaises 3 0/0 produirait à peine 3.700 francs.

Depuis 1870, le 6 0/0 Américain a disparu ; converti d'abord en 5 0/0, puis en 4 0/0, le voilà maintenant en 3 0/0 en attendant une nouvelle conversion en 2 1/2.

Le 4 1/2 Belge, les fonds Allemands, tels que les 5 0/0 Badois,

Bavarois, Wurtembergeois, etc., ont, sur la cote, cédé la place à des titres de moindre rapport, à des rentes de 3 1/2 et 3 0/0 qui atteignent le pair.

Dans l'Europe entière, les rentes 4 0/0 qui ont été créées en remplacement de rentes 5 0/0 sont au pair et même au-dessus, ou ont été échangées contre du 3/12 ou du 3 0/0.

Des fonds étrangers, exotiques, comme l'on dit en Bourse, arrivent maintenant au taux moyen auquel se négociaient anciennement de bons crédits européens de second ordre. Les cotes anglaises nous donnent, à cet égard, de curieux exemples.

Il y a dix ans seulement, voici, notamment, le 7 0/0 Japonais qui valait 100 fr. fin 1876 et qui maintenant vaut 113 ; à pareille date, le 6 0/0 Argentin 1868, coté aujourd'hui 101 à 102, valait 60 ; le 5 0/0 Brésilien valait fin 1876, 87 à 88 ; il est maintenant à 103, trois points au-dessus du pair.

Le 5 0/0 Italien qui ne donne net que 434, valait, fin 1876, 72 fr. : il était dans ces derniers temps à 102 fr. et même au-dessus, c'est-à-dire 20 fr. plus cher que le prix auquel nous émettions en 1871 notre rente française 5 0/0.

Le 5 0/0 Roumain, qui valait 40 fr. fin 1876, et qui rapportait conséquemment 8 0/0, se négocie au-dessus de 90. On évalue donc aujourd'hui le crédit de la Roumanie à un taux bien supérieur à celui auquel notre propre crédit était estimé en 1871 et 1872, puisque, dans ces deux années, la France émettait ses rentes 5 0/0 à 82,50 et 84 fr. 50.

La rente Autrichienne 4 0/0 or, cotée 89 à 90 fr. et qui, il y a peu de temps, s'est négociée même à 96 et 97 fr., est encore plus haut que nos rentes françaises en 1871. La rente Hongroise 4 0/0 or, a valu jusqu'à 88 dans ces derniers mois, alors que nous avons émis du 5 0/0 français 5 et 6 francs plus bas.

Voici, pour les principaux fonds d'États, la différence des cours cotés au 31 décembre 1869 et au 31 décembre 1886.

	31 déc. 1869	31 déc. 1886	
3 0/0 Français	70,05	82,20	
4,34 Italien	57,30	101,85	
6 0/0 Américain..............	84	134	(le 4 0/0).
4 1/2 Belge	102 1/2	95,40	(le 3 0/0).
5 0/0 Russe 1862	85	96	
3 0/0 Consolidés anglais......	92 5/8	101 1/2	

V. — *Modes d'émission et types de rentes employés par les gouvernements emprunteurs.*

Nous venons de montrer comment les conversions de rentes effectuées par les principaux États avaient été réalisées et comment la baisse du taux de l'intérêt et l'abondance des capitaux avaient facilité ces opérations. Il n'est pas sans utilité de faire remarquer aussi comment les divers pays effectuent leurs emprunts. On voit, d'après cette étude comparative des dettes européennes, combien est variée la diversité des types de rentes émises. L'Angleterre a du 3 0/0, du 2 1/2 0/0, des anuités terminables ; l'Autriche, du 4,20 0/0 métallique, du 4 0/0 or, du 5 0/0 papier, du 5 0/0 argent, des lots à primes sans intérêts. La Belgique a eu du 4 1/2, du 4 0/0, du 3 0/0. La Russie a émis des emprunts sous forme de rentes 6 0/0, 5 0/0, 4 0/0 ; la Hollande a des rentes 3 1/2, 3 0/0, 2 1/2 0/0 ; l'Italie a du 5 0/0, du 3 0/0 et vient de décréter du 4 1/2 0/0 ; la Norwège a du 4 1/2, du 4 0/0, du 3 1/2 ; le Portugal a du 5 0/0 et du 3 0/0 ; la Prusse a du 4 0/0 et du 3 1/2 0/0 , la Roumanie a du 7 0/0, du 6 0/0, du 5 0/0 ; la Saxe, du 3 1/2 et du 3 0/0 ; la Suède, du 4 1/2 0/0, du 4 0/0, du 3 1/2 0/0 ; le Wurtemberg, du 4 1/2, du 4 0/0, du 3 1/2 0/0, etc. Parmi les fonds coloniaux, nous trouvons du 5 0/0 de la Nouvelle Zélande, du 5 0/0 Québec, du 6 0/0 Queensland, du 4 1/2, 4 0/0 et 3 1/2 0/0 des Indes, du 4 0/0 du Canada, de la Jamaïque, de Tasmanie du 5 0/0, 4 1/2 0/0, 4 0/0 Victoria. Quel enseignement tirer de ces faits ? C'est qu'on ne peut dire d'une façon absolue, c'est qu'il n'est pas scientifiquement ni pratiquement prouvé qu'il soit préférable pour un État de n'emprunter que sous un même type de rentes, et que la diversité de ces types de rentes peut nuire à leur plus-value. La vérité est qu'il en est des États comme des particuliers : le meilleur mode d'emprunt est celui qui coûte le moins cher et procure la plus grande somme des capitaux. Il peut être utile d'emprunter sous forme d'obligations ou sous forme de rentes ; en 4 0/0 ou en 3 0/0 ; en 5 0/0 ou en 4 1/2 0/0. C'est une question d'opportunité et d'appréciation. Tous les gouvernements ont choisi la forme d'emprunt la plus avantageuse aux intérêts de tous, sans s'astreindre à n'émettre qu'un type de rentes déterminé à l'avance.

Il en est de même pour le mode d'émission des emprunts. C'est la France qui, lors de la guerre de Crimée, généralisa le système des souscriptions publiques. Avant 1852, les emprunts d'Etat étaient soumissionnés par de grandes maisons de banque qui plaçaient ensuite les titres de rentes dans leur clientèle : plus tard, les gouvernements firent appel directement aux capitaux du public sans se servir de l'intermédiaire des banquiers. Cependant, des modifications sérieuses se sont produites dans le système des souscriptions. Nous voyons l'Angleterre pour ses emprunts coloniaux, pour ses emprunts de villes, effectuer des appels au crédit sous forme d'adjudication publique. Elle offre 4 0/0 d'intérêt, par exemple ; elle s'engage à servir d'abord les demandes de ceux qui se contentent d'un intérêt moindre. Ce système favorise les souscripteurs les moins exigeants, ne décourage pas le public par des mécomptes immérités à la répartition et permet à l'emprunteur d'obtenir les conditions les plus favorables; ce genre de souscription rend les emprunts moins onéreux pour les emprunteurs. Les autres modes d'emprunts employés par les gouvernements sont des ventes fermes ou à option à des banquiers et à des établissements de crédit. Plusieurs États se sont bornés à charger des maisons de banque d'émettre les emprunts qu'ils désiraient effectuer, moyennant une commission. A l'exception de l'Angleterre et de la France, presque tous les gouvernements européens traitent encore avec des syndicats de banquiers pour leurs émissions.

VI. — *De la répartition des fonds publics étrangers dans les portefeuilles français.*

Dans le cours de cette étude, nous avons essayé de connaître le montant approximatif des valeurs étrangères appartenant à nos nationaux. Les chiffres que que nous avons cités nous ont été donnés par les ministres des finances et les directeurs de statistique des gouvernements étrangers; mais ils auraient besoin d'être complétés, et aucune autorité ne pourrait mieux que notre conseil supérieur de statistique obtenir et grouper des indications plus nombreuses sur ce sujet important.

A de rares exceptions près, et sauf des circonstances particulières telles que la hausse ou la baisse du prix du change sur des valeurs internationales, les capitalistes français qui possèdent des valeurs étrangères ne font pas recevoir le montant de leurs coupons d'intérêt à l'étranger : ils s'adressent à des banquiers et des établissements de crédit français, pour encaisser leurs coupons échus.

N.　　　　　　　　　　　　　　　　　　　　　　　　　　7

Nous sommes convaincus que MM. de Rothschild, la Banque de Paris, la Société Générale, le Comptoir d'Escompte, le Crédit Lyonnais, le Crédit industriel et tous les banquiers — qui paient une patente spéciale comme effectuant des paiements de coupons étrangers, — répondraient sans difficultés à un questionnaire que le Conseil supérieur de statistique leur adresserait.

Ce n'est pas par simple curiosité que des documents semblables auraient besoin d'être mis au jour. Les questions financières et fiscales doivent, plus que jamais, prendre le pas sur les questions poiitiques. Or, ce que nos législateurs et la plupart de nos hommes politiques connaissent le moins, c'est l'exacte situation de la fortune publique de la France, le montant et la puissance de son épargne, la nature et le chiffre de ses placements soit sur des valeurs françaises, soit sur des valeurs étrangères. C'est à ce défaut de connaissances qu'il faut attribuer, pour beaucoup, les erreurs fiscales, économiques et financières qui ont été commises dans l'établissement, l'augmentation et la suppression de tel ou tel impôt de préférence à tel ou tel autre. A une époque où il est question d'impôt sur les rentes, d'impôt sur les valeurs étrangères appartenant à des Français, d'impôt sur le revenu, etc., ces renseignements sont indispensables si l'on veut éviter de dangereuses erreurs. Le Conseil supérieur ne doit pas hésiter, à notre avis, à faire la lumière sur ces questions spéciales : c'est du côté des statistiques financières, nous ne saurions trop insister sur ce point, que doivent porter les efforts et les travaux des hommes éminents qui font partie de la Commission.

VII. — *De la cote et de la négociation des rentes françaises aux bourses étrangères.*

Nous devons aussi signaler une réforme que nous avons bien souvent réclamée et qui paraîtra sans doute utile à obtenir quand on se sera rendu compte de l'importance des emprunts étrangers contractés en France. A l'exception des fonds allemands, tous les fonds d'Etat étrangers, toutes les principales valeurs étrangères sont cotés à notre bourse ; tous les gouvernements étrangers ont fait appel aux capitaux français. Or, aucune de nos rentes françaises n'est cotée ni à Vienne, ni à Saint-Pétersbourg, ni à Stockolm, ni à Christiania, ni à Rome, ni à Florence, ni à Madrid, ni à Lisbonne, ni à Athènes. Notre 3 0/0 est coté à Londres, Bruxelles et Amsterdam. Et c'est tout. Cette situation mérite qu'on y porte attention.

L'affluence des fonds d'État étrangers sur le marché français, la facilité avec laquelle ils s'y placent et s'y négocient, sont des faits financiers qui révèlent une tendance des capitaux contre laquelle il serait peut-être à la fois très difficile de tenter une réaction soudaine et violente.

Il est certainement regrettable que nos nationaux deviennent les créanciers d'Etats dont la solvabilité et le crédit sont douteux. Il est non moins fâcheux qu'aux capitaux lentement formés par les hommes d'épargne de notre pays se substituent des titres étrangers dépourvus de garantie sérieuse.

Mais, d'autre part, il ne saurait être mauvais et il est même nécessaire et utile, au point de vue financier et économique, que les nations honnêtes et notoirement solvables soient débitrices de la nôtre. Il ne saurait être mauvais qu'à un moment donné il y ait entre les mains des capitalistes français une certaine quantité de bon papier étranger, bien et dûment garanti, et facilement réalisable.

On conçoit cependant qu'il y a un certain équilibre financier international qui ne saurait être rompu sans inconvénient. On conçoit le péril qu'il y aurait pour la France à ne compter au dehors que des débiteurs et point de créanciers, à toujours absorber le papier et ne jamais en céder, à se saturer de valeurs étrangères tandis qu'elle ne placerait point dans les autres pays une quantité à peu près équivalente de valeurs françaises. On peut enfin mesurer le danger que notre pays pourrait courir le jour où les nations qui nous entourent gagneraient plus à notre ruine qu'à notre prospérité. Même au point de vue politique, ces considérations ne sont pas sans consistance.

Politiquement, aussi bien que financièrement, il est donc sage et désirable d'intéresser l'Europe à nos progrès, à notre développement national, à notre avenir économique.

Un des moyens les plus efficaces d'atteindre ce but est de placer parmi les capitalistes étrangers la plus grande quantité possible de rentes et de valeurs françaises.

Mais, dira-t-on, cette expansion des titres français s'opérera naturellement, grâce à la confiance si grande que le crédit de la France inspire aux autres peuples. Si bien qu'il n'y aurait qu'à laisser faire au temps, aux capitaux étrangers et à la sagesse des nations pour assurer un résultat si souhaitable pour notre avenir.

Ce raisonnement est d'une logique excellente et peut paraître très solidement fondé en théorie. Il est absolument vain, s'il n'est pas justifié par la pratique. Or, il ne l'est malheureusement pas.

Ce n'est pas tout de dire aux autres nations : « Moi, France, j'émets de la rente, offrant toutes garanties, pleine sécurité. Prenez-la ; il n'y a rien de meilleur. Vous connaissez ma richesse, ma puissance de production, mon amour du travail, ma probité reconnue. Vous savez que j'ai toujours payé et bien payé ; vous savez combien, même dans les circonstances les plus critiques, j'ai été ponctuelle à remplir mes engagements. Prenez de ma rente ! Quels meilleurs titres avez-vous chez vous ? Quels meilleurs placements ? Quel emploi plus productif et plus sûr. »

Un tel discours n'aurait rien que de juste et d'exact. Tout le monde est pénétré de ces vérités et nous n'aurions à prêcher que des convertis.

Mais, pour que l'étranger prenne beaucoup de nos fonds d'État, encore faut-il qu'il sache où aller les prendre, où aller les acheter, et même où aller les vendre, le besoin échéant. Il faut les rendre accessibles à tous les capitalistes de l'Europe, et négociables facilement partout.

Or, c'est ce dont on ne nous paraît pas s'être suffisamment occupé.

Comme nous l'avons dit plus haut, nos rentes françaises ne sont pas cotées aux bourses étrangères. Dans ces dernières années, de grands emprunts ont été effectués chez nous notamment en rente 3 0/0 amortissable. On peut dire, qu'à l'heure où nous sommes, cette rente est presque inconnue sur les grandes places financières de l'Europe. Il y a là une faute commise, une grave négligence qu'il faut se hâter de réparer. On doit faire pour nos rentes ce que les autres nations font pour leurs fonds d'État qu'elles prennent tant de soin de nous faire connaître et auxquels elles ouvrent accès sur tous les grands marchés européens.

VIII. — *Guerre, ruine ou révolution industrielle et économique.*

Mais ce qui, à notre avis, ressort jusqu'à l'évidence du travail auquel nous nous sommes livrés, c'est que l'Europe entière, avec le poids de ses dépenses militaires, avec la surcharge des dettes publiques et d'mpôts qui l'écrasent, marche, si elle persévère dans cette voie, à la guerre, à la ruine, à une véritable révolution industrielle et économique. Quel que soit le pessimisme d'une telle conclusion, nous ne pouvons taire nos impressions. La paix de l'Europe n'est, à vrai dire, qu'un état de guerre latent, et cette situation qui semble la condition ordinaire du vieux continent pèse de deux manières sur le monde civilisé : elle lui enlève, d'une part, une bonne partie des capitaux constitués par l'épargne annuelle, par le travail de tous, pour entretenir des soldats, acheter des fusils, des canons, des munitions, construire des forteresses, des navires ; d'autre part, elle l'empêche de se servir de ces capitaux énormes pour développer le commerce, l'industrie, le matériel de la production, diminuer,les frais généraux de la nation. L'appréhension et les préparatifs de guerre deviennent aussi nuisibles et aussi coûteux que la guerre elle-même. Les finances de l'Europe sont tellement obérées qu'on peut craindre qu'elles ne conduisent fatalement les gouvernements à se demander si la guerre, avec ses éventualités terribles, ne doit pas être préférée au maintien d'une paix précaire et coûteuse. Si ce n'est point à la guerre que doivent aboutir les préparatifs militaires et les armements de l'Europe, ce pourrait bien être, ainsi que le disait, il y a vingt ans, lord Stanley, à « la banqueroute des Etats ». Si ce n'est ni à la guerre ni à la ruine que doivent conduire de semblables folies, c'est assurément à une révolution industrielle et économique.

La vieille Europe lutte contre la concurrence de pays jeunes, riches, produisant à meilleur compte. Il est, au-delà de l'Océan, une République puissante, l'Amérique, qui a su éteindre une dette que les nécessités d'une grande cause lui avaient fait contracter ; elle offre au monde entier le spectacle d'une prospérité sans exemple. Tout récemment, le message du président Cleveland à l'ouverture du Congrès a traduit le sentiment d'un véritable embarras de richesses. En Asie, tous les peuples commencent à profiter des découvertes et des progrès que l'Europe a accomplis, et comme dans ces pays le prix de la main-d'œuvre et les charges publiques sont presque nuls, l'Europe entière éprouvera chaque année, de plus en plus, les effets de l'apparition sur la scène commerciale et industrielle, de tous ces peuples qui n'ont pas à payer, tous les ans, ni quatre milliards et demi pour les dépenses de la guerre, ni plus de cinq milliards pour les intérêts de leurs dettes publiques.

Le maréchal de Moltke disait récemment au Reichstag « qu'à la longue les peuples ne pourront plus supporter les charges militaires ». Il aurait pu ajouter que le jour où les peuples se rendront compte de tout ce que leur coûte la guerre, même lorsqu'elle demeure à l'état de simple risque, lorsqu'ils considéreront la masse croissante d'intérêts que le progrès jette chaque jour du côté de la paix, les gouvernés sauront ce jour-là dicter leurs volontés à leurs gouvernants. Les 41 milliards d'augmentation des dettes publiques de l'Europe, depuis 1870, mis en regard des milliards de diminution de la dette de l'Amérique offrent un puissant enseignement. Non, les peuples ne pourront plus à la longue supporter de tels fardeaux ; non, ils ne pourront plus continuer à travailler, à peiner, à souffrir, à élever péniblement leurs familles pour que leurs biens, leurs ressources, leurs épargnes, les êtres qui leur sont chers, soient sacrifiés et détruits par la guerre dans des luttes gigantesques. Ils veulent la paix, profiter des bienfaits qu'elle procure, échanger paisiblement leurs produits, commercer, travailler ; ils veulent tous une administration économe, des diminutions d'impôts.

A ces désirs, les gouvernements répondent en augmentant tous les ans les charges militaires, les préparatifs de guerre, les charges publiques.

Les peuples finiront par se lasser du maintien d'un tel état de choses qui nous ramène aux temps barbares : la civilisation qui a abattu les barrières entre les pays et les individus, rendu les communications plus rapides et plus faciles, établi des chemins de fer et des routes, creusé des canaux, percé des montagnes et des isthmes, imposera la paix aux sociétés modernes d'une façon aussi irrésistible que la guerre s'imposait aux sauvages et aux sociétés anciennes.

Janvier 1887.   Alfred NEYMARCK.

19ᵉ Année   **LE RENTIER**   19ᵉ Année

Journal Financier Politique

FONDÉ EN 1869

Directeur-Propriétaire : M. Alfred NEYMARCK

*Chevalier de la Légion d'honneur, Officier d-Académie,
Membre de la Société d'Economie politique de Paris, de la Société
de Statistique, de la Société de l'Histoire de Franoe, etc.*

LE RENTIER, fondé en 1869 et publié depuis cette époque sous la direction de M. Alfred Neymarck, paraît tous les dix jours, les 7, 17 et 27 de chaque mois, en grand format de 8 pages et de 24 colonnes. Il publie en outre des numéros supplémentaires. Dans chacune des livraions se trouve un premier article sur la question d'actualité, économique, financière ou industrielle.

Il publie de nombreux articles de fond sur les grandes affaires d'intérêt général, et, en outre :

1º **Une Chronique** politique résumant à grands traits les faits principaux qui se sont produits ;

2º Une **Chronique financière**, s'occupant principalement des valeurs et des affaires qui ont influencé ou peuvent influencer le marché ;

3º Des **Informations financières**, faisant connaître les principales opérations qui sont à la veille de se produire.

A la suite de ces travaux, qui forment pour ainsi dire la partie théorique, économique et financière du Journal,

LE RENTIER publie des articles spéciaux et pratiques qui ont le plus grand intérêt pour les capitalistes et les porteurs de valeurs mobilières.

Ainsi *le Rentier* contient d'ordinaire un article intitulé :

1º **Que faire de son argent ? Valeurs à acheter. — Valeurs à vendre. — Arbitrages. — Renseignements ;**

2º Une **Revue** détaillée des **Valeurs** cotées et non cotées. Dans chacun des numéros du *Rentier*, toutes les valeurs en vue sont ainsi indiquées ;

3ª Un **Guide du Rentier**, renfermant la nomenclature exacte des coupons à **payer**, l'indication de leur échéance, taux brut et net ; le remboursement, etc. ;

4º **Les Tirages** des valeurs françaises et étrangères ;

5º **Les Cours** des valeurs au parquet et en banque ;

6º **Les Annonces, Communications, Avis, Emissions** des Sociétés ; les **Rapports** des **principales Compagnies**, *in extenso* ; les **Comptes rendus** des assemblées d'actionnaires.

Prix de l'abonnement : 6 fr. par an.

On s'abonne sans frais dans tous les bureaux de poste.

Paris. — Imp. A. PARENT, A. DAVY, Succ., 52, rue Madame.

www.ingramcontent.com/pod-product-compliance
Lightning Source LLC
Chambersburg PA
CBHW071512200326
41519CB00019B/5915